Prevención y reducción de pérdidas y desperdicio alimentario

Editado por:
EDITORIAL FAE, S.L.U.
Correo electrónico: editorial@editorialfae.com

Prevención y reducción de pérdidas y desperdicio alimentario
Elsa Rubio Dulce

1º Edición

ISBN: 978-84-1135-191-1

Índice

U. A. 1. El problema de las pérdidas y el desperdicio alimentario

U. A. 2. Proyecto de ley de prevención de las pérdidas y el desperdicio alimentario

Índice

U. A. 1. El problema de las pérdidas y el desperdicio alimentario

Objetivos

- Analizar el origen y las causas que contribuyen a las pérdidas y el desperdicio alimentario, identificando los puntos críticos en la cadena de suministro y consumo.
- Evaluar las consecuencias e impacto de las pérdidas y el desperdicio alimentario en términos económicos, sociales y ambientales, destacando la urgencia de su mitigación.
- Examinar los datos específicos sobre el desperdicio alimentario en España, proporcionando una visión contextualizada de la situación nacional.
- Explorar las acciones y medidas adoptadas por entidades públicas a nivel nacional, europeo e internacional para abordar las pérdidas y el desperdicio alimentario, analizando su efectividad y alcance.

1. Introducción

En la compleja red que constituye el sistema alimentario mundial, las pérdidas y el desperdicio alimentario representan un desafío omnipresente y multifacético. Desde la producción hasta el consumo final, se estima que una cantidad considerable de alimentos se pierde o se desperdicia en todo el mundo, lo que no solo tiene implicaciones económicas sino también sociales y ambientales significativas. Este fenómeno no solo afecta a los países desarrollados, sino que también tiene un impacto desproporcionado en las naciones en desarrollo, donde los recursos son escasos y las necesidades alimentarias son urgentes.

Esta problemática trasciende las fronteras nacionales, requiriendo una acción coordinada a nivel global para abordar sus raíces sistémicas y encontrar soluciones sostenibles. En este contexto, esta unidad se adentra en el análisis de las causas subyacentes, las consecuencias ampliamente variadas y las diversas respuestas a nivel local, nacional e internacional, con el objetivo de proporcionar una base sólida para la comprensión y la acción en la prevención y reducción de las pérdidas y el desperdicio alimentario.

Las problemáticas relacionadas con la pérdida y el desperdicio de alimentos se ubican en un punto donde convergen diversas dimensiones: económica, social, ambiental y ética. Comprender teórica y conceptualmente los principios básicos de este fenómeno global es imprescindible. En este marco, la teoría de sistemas proporciona un enfoque analítico útil para examinar las interrelaciones y las dinámicas de retroalimentación que existen dentro del sistema alimentario, desde su producción hasta el consumo final.

Vocabulario

La **teoría de los sistemas** es un enfoque interdisciplinario que estudia los sistemas complejos como un conjunto de elementos interrelacionados que interactúan entre sí para lograr un objetivo común, analizando las interconexiones y retroalimentaciones dentro de ellos.

Desde el inicio de la producción agrícola hasta la etapa final de consumo en hogares y restaurantes, cada fase del proceso está profundamente conectada. Estas interconexiones pueden generar dinámicas de retroalimentación que, dependiendo de su naturaleza, tienen el potencial de incrementar o reducir las pérdidas y el desperdicio de alimentos.

Fig. 1. La teoría de sistemas nos invita a considerar el sistema alimentario en su totalidad, reconociendo que cada parte está interrelacionada y afecta a las demás

 **Ejemplo**

Por ejemplo, en el nivel de la producción agrícola, las prácticas de cultivo y cosecha pueden influir no solo en la cantidad y calidad de los alimentos producidos, sino también en la eficiencia de la cadena de suministro y la estabilidad de los precios. Del mismo modo, en el extremo del consumo, los patrones de compra y hábitos alimentarios de los individuos y comunidades tienen un impacto directo en la demanda de alimentos, lo que a su vez influye en las decisiones de producción y distribución.

Además, la teoría de sistemas nos permite examinar cómo las perturbaciones en un área del sistema alimentario pueden propagarse y afectar otras áreas. Por ejemplo, eventos climáticos extremos pueden causar daños a los cultivos y reducir la disponibilidad de alimentos en el mercado, lo que puede aumentar los precios y afectar la capacidad de acceso de ciertos grupos de población a alimentos nutritivos. Esta interconexión de factores resalta la importancia de abordar las pérdidas y el desperdicio alimentario de manera integral, considerando no solo las acciones en una etapa particular del sistema, sino también sus repercusiones en todo el sistema alimentario.

En última instancia, la teoría de sistemas nos brinda una lente analítica poderosa para comprender la complejidad inherente al problema de las pérdidas y el desperdicio alimentario y para diseñar intervenciones efectivas que aborden sus múltiples dimensiones.

Desde el **enfoque sistémico**, se puede interpretar las pérdidas y el desperdicio de alimentos como fallos en el sistema alimentario mundial, caracterizado por la interacción compleja de numerosos actores y elementos.

Fig. 2. Las pérdidas y el desperdicio alimentario no son simplemente eventos aislados, sino manifestaciones de patrones y estructuras más amplias dentro del sistema

En contraste, desde la perspectiva económica, el estudio de estas pérdidas y desperdicios se beneficia de la integración de conceptos como la eficiencia económica, los costos de transacción y las externalidades. Tradicionalmente, la economía neoclásica ha tratado este asunto desde el punto de vista de la eficiencia en la distribución de recursos, sostiene que la minimización del desperdicio alimentario ofrece ventajas económicas significativas. Sin embargo, enfoques más críticos han destacado las limitaciones de este paradigma, señalando que las causas subyacentes del desperdicio alimentario van más allá de simples ineficiencias de mercado.

Saber más

La economía neoclásica, arraigada en el paradigma de la eficiencia en la asignación de recursos, ha tendido a enfocarse en los aspectos tangibles y cuantificables del desperdicio alimentario. Desde esta perspectiva, se argumenta que reducir las pérdidas y el desperdicio alimentario conlleva beneficios económicos directos, como la optimización de los recursos disponibles y la maximización del valor agregado en la cadena de suministro. En este sentido, se destaca la importancia de mejorar la eficiencia en la producción, distribución y consumo de alimentos para minimizar las pérdidas y maximizar el retorno económico.

Los enfoques más críticos y holísticos, por otro lado, involucran una red compleja de factores interrelacionados, que incluyen estructuras de poder dentro de la cadena alimentaria, desigualdades socioeconómicas arraigadas y patrones de consumo impulsados por la cultura y la publicidad.

Ejemplo

Por ejemplo, las decisiones sobre qué alimentos producir y cómo distribuirlos a menudo están influenciadas por intereses comerciales y políticos que pueden priorizar el lucro sobre la sostenibilidad y la equidad. Además, las desigualdades socioeconómicas pueden limitar el acceso de ciertos grupos de población a alimentos nutritivos y asequibles, mientras que los patrones de consumo inducidos por la publicidad y la cultura pueden fomentar el desperdicio al promover un estilo de vida basado en el exceso y el derroche.

Desde una perspectiva social, el desperdicio alimentario tiene ramificaciones profundas que van más allá de la mera pérdida de recursos. En muchas partes del mundo, millones de personas enfrentan inseguridad alimentaria y no tienen acceso suficiente a alimentos nutritivos y adecuados.

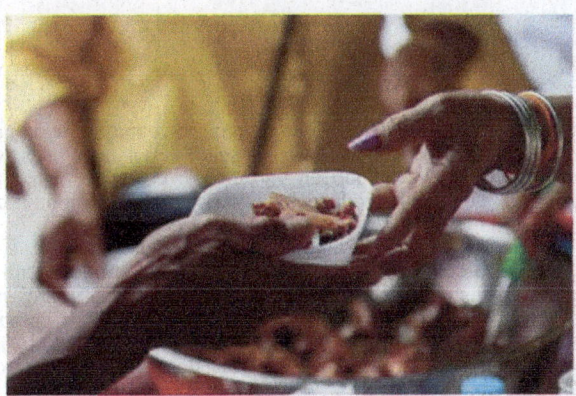

Fig. 3. El desperdicio alimentario se percibe como una injusticia flagrante, ya que significa que los alimentos que podrían haber alimentado a personas necesitadas se desperdician innecesariamente

Esta disparidad entre la abundancia y la escasez alimentaria pone de relieve las inequidades estructurales en la distribución de alimentos y subraya la necesidad de abordar no solo el desperdicio alimentario en sí mismo, sino también las desigualdades subyacentes que lo perpetúan.

Desde una perspectiva ambiental, el desperdicio alimentario ejerce una presión significativa sobre los recursos naturales y contribuye al deterioro del medioambiente. Desde la óptica ambiental, el desperdicio de alimentos representa una carga considerable para los recursos naturales y agrava el daño ecológico. La producción de alimentos demanda el uso de tierra, agua, energía y otros recursos, además de provocar emisiones de gases de efecto invernadero y otros tipos de contaminación.

Cuando los alimentos se desperdician, se pierden no solo los recursos utilizados para producirlos, sino también los recursos necesarios para su transporte, almacenamiento y eliminación. Asimismo, el desperdicio alimentario intensifica el problema ambiental, ya que los alimentos que se descomponen en vertederos emiten gases de efecto invernadero y generan lixiviados que pueden contaminar tanto suelos como cuerpos de agua.

Saber más

El concepto de lixiviados se refiere al líquido que se genera cuando el agua percola a través de materiales sólidos y, en el proceso, recoge partículas solubles o suspendidas de esos materiales. Este fenómeno es comúnmente observado en vertederos, donde la acumulación de residuos sólidos urbanos y otros desechos produce una considerable cantidad de estos líquidos contaminantes.

En el contexto de los vertederos, especialmente aquellos que contienen una gran cantidad de desechos orgánicos, como restos de comida, los lixiviados son particularmente problemáticos. Cuando los alimentos se descomponen, no solo liberan metano, un potente gas de efecto invernadero, sino que también generan lixiviados que pueden ser altamente tóxicos. Estos líquidos pueden contener compuestos orgánicos, metales pesados y otros contaminantes que son perjudiciales para los ecosistemas.

El riesgo ambiental de los lixiviados es significativo porque pueden infiltrarse en el suelo y contaminar las aguas subterráneas, ríos y lagos, afectando la calidad del agua y dañando la flora y fauna acuáticas. Por esta razón, la gestión adecuada de los vertederos y el tratamiento de los lixiviados son cruciales para minimizar su impacto ambiental. Las técnicas modernas de gestión de vertederos incluyen sistemas de recogida y tratamiento de lixiviados para evitar que estos contaminantes lleguen al medioambiente.

Fig. 4. En un momento en que el cambio climático y la degradación ambiental son preocupaciones urgentes, reducir el desperdicio alimentario se ha convertido en una prioridad para la sostenibilidad ambiental

Finalmente, desde un enfoque ético, el desperdicio alimentario suscita interrogantes esenciales acerca de la responsabilidad y la equidad en la administración de los recursos alimenticios. En un mundo donde millones de personas pasan hambre y luchan por satisfacer sus necesidades básicas, tirar alimentos perfectamente comestibles se percibe como moralmente cuestionable. Esto refleja una desconexión ética entre la abundancia y el derroche en un contexto de escasez y necesidad.

Además, el desperdicio alimentario plantea interrogantes sobre el papel de los diferentes actores en la cadena alimentaria, desde los productores y distribuidores hasta los consumidores, y su responsabilidad en la prevención y reducción del desperdicio.

En última instancia, abordar el desperdicio alimentario desde una perspectiva ética implica reconocer la dignidad inherente de todos los seres humanos y la necesidad de actuar con solidaridad y compasión hacia aquellos que sufren las consecuencias de la escasez alimentaria.

2. Origen y causas de las pérdidas y el desperdicio alimentario

El análisis de los orígenes y causas del desperdicio alimentario nos conduce a un examen profundo de las complejidades inherentes al sistema alimentario global. Desde una perspectiva teórica y holística, es esencial reconocer que las pérdidas y el desperdicio alimentario no son eventos aislados, sino el resultado de procesos interconectados que se extienden a lo largo de toda la cadena de suministro, desde la producción hasta el consumo final.

En primer lugar, es importante considerar el papel de los factores estructurales en la generación de pérdidas y desperdicios alimentarios. Esto incluye cuestiones como la infraestructura de transporte y almacenamiento, las políticas agrícolas y comerciales, y la distribución desigual de recursos.

La falta de infraestructuras adecuadas en áreas rurales es un factor muy importante. En muchas regiones, especialmente en países en desarrollo, la ausencia de carreteras pavimentadas, sistemas de refrigeración y almacenamiento adecuados, así como de acceso a mercados locales y regionales, dificulta el transporte y la distribución eficientes de productos agrícolas desde las zonas de producción hasta los centros urbanos. En consecuencia, una porción considerable de la producción agrícola puede perderse antes de alcanzar al consumidor final, debido a la insuficiencia de infraestructura adecuada para preservar la frescura y calidad de los alimentos durante su transporte.

Ejemplo

Por ejemplo, en áreas rurales de países africanos, la falta de carreteras pavimentadas y vehículos de transporte adecuados puede hacer que los productos agrícolas se deterioren rápidamente durante el viaje hacia los mercados urbanos, lo que resulta en pérdidas sustanciales para los agricultores. Del mismo modo, en zonas montañosas o remotas de América Latina, la falta de acceso a sistemas de refrigeración y almacenamiento puede hacer que los productos perecederos, como frutas y verduras, se echen a perder antes de llegar a los consumidores, lo que lleva a pérdidas económicas significativas.

Además, las políticas agrícolas tienen un impacto significativo en la generación de pérdidas y desperdicios alimentarios.

Ejemplo

Algunos ejemplos concretos de cómo las políticas pueden impactar en la generación de pérdidas y desperdicios alimentarios son los siguientes:

- **Subsidios a la producción agrícola**: En algunos países, los gobiernos ofrecen subsidios para ciertos cultivos, como el maíz y la soja, incentivando a los agricultores a producir en grandes cantidades. Si la producción de estos cultivos excede la demanda del mercado, los excedentes pueden terminar siendo desechados o mal utilizados, aumentando el desperdicio alimentario.
- **Cuotas y tarifas de importación**: Las políticas que imponen cuotas o altas tarifas a la importación de alimentos pueden fomentar una producción local excesiva, que a veces no se corresponde con la demanda real del mercado local. Esto puede llevar a situaciones donde hay un exceso de productos que no se venden y, por tanto, se desperdician.
- **Normas de calidad y estética**: Algunas políticas gubernamentales o de la Unión Europea establecen normas estrictas sobre el tamaño, forma y color de las frutas y verduras que pueden venderse en los mercados. Estas normas pueden causar que grandes cantidades de productos completamente comestibles sean descartados por no cumplir con los estándares estéticos.
- **Programas de compra de excedentes**: En respuesta a los excedentes, algunos gobiernos implementan programas de compra para adquirir el exceso de producción y distribuirlo a través de canales de ayuda alimentaria. Sin embargo, si no se gestionan adecuadamente, estos programas pueden fomentar una producción continua de excedentes en lugar de ajustar la producción a las necesidades reales del mercado.
- **Apoyo a la agricultura de exportación**: Las políticas que promueven la exportación de productos agrícolas pueden llevar a situaciones donde la producción local es desplazada por cultivos destinados principalmente a la exportación. Esto puede resultar en una falta de diversidad agrícola local, con excedentes de ciertos productos que no tienen mercado interno.

Del mismo modo, los rigurosos estándares estéticos que imponen supermercados y cadenas de distribución pueden llevar a los agricultores a desechar frutas y verduras que, aunque comestibles, no cumplen con los criterios específicos de tamaño, forma o color.

Fig. 5. El descarte de fruta por no adaptarse a los estándares estéticos contribuye al desperdicio de alimentos y perpetúa una cultura de la estética por encima de la utilidad y la sostenibilidad

Además, las prácticas y comportamientos en toda la cadena de suministro desempeñan un papel fundamental en la generación de pérdidas y desperdicio alimentario. Esto incluye desde la gestión inadecuada de inventarios y la falta de planificación de la demanda, hasta los hábitos de compra y consumo derrochadores en los hogares y restaurantes.

 **Ejemplo**

Por ejemplo, la falta de educación sobre la gestión de alimentos en los hogares puede llevar a una mayor propensión al desperdicio, mientras que los sistemas de distribución y comercialización pueden generar pérdidas debido a la manipulación inadecuada de los productos perecederos.

Asimismo, es importante reconocer las dinámicas sociales y culturales que influyen en las actitudes y comportamientos hacia la comida y el desperdicio. Los valores culturales que fomentan la abundancia y el exceso, junto con la publicidad y el marketing que promueven el consumo desmedido, pueden contribuir a una cultura del desperdicio alimentario. Del mismo modo, las normas sociales que desalientan la reutilización de alimentos sobrantes o la aceptación de productos con imperfecciones estéticas pueden perpetuar el ciclo de desperdicio.

El análisis de las causas del desperdicio alimentario nos lleva a reconocer que se trata de un fenómeno multifacético y sistémico, cuyas raíces se encuentran en una intersección compleja de factores económicos, sociales, culturales y estructurales. Para abordar eficazmente este problema, es necesario adoptar enfoques integrados que consideren la interdependencia de estos factores y promuevan soluciones que aborden las causas subyacentes en toda la cadena de suministro alimentario.

3. Consecuencias e impacto de las pérdidas y el desperdicio alimentario

El examen de las repercusiones del desperdicio y las pérdidas de alimentos desvela impactos amplios y profundos que se extienden a lo largo de diversas esferas sociales, económicas y medioambientales. Estas consecuencias trascienden la mera pérdida de alimentos y tienen efectos significativos en aspectos como la seguridad alimentaria, la equidad social, la sostenibilidad ambiental y el progreso económico.

La seguridad alimentaria es particularmente vulnerable a los efectos del desperdicio y la pérdida de alimentos. En un contexto global donde un número considerable de personas aún enfrenta el hambre y la malnutrición, cada porción de alimento desperdiciada es una oportunidad perdida para incrementar la disponibilidad y accesibilidad de alimentos nutritivos para todos.

La seguridad alimentaria es un concepto fundamental que se refiere a la disponibilidad, el acceso y la utilización adecuada de alimentos suficientes, seguros y nutritivos para satisfacer las necesidades dietéticas y las preferencias alimentarias para llevar una vida activa y saludable. La seguridad alimentaria se ve afectada por una variedad de factores, incluyendo la producción agrícola, la infraestructura, los mercados, la política económica y las condiciones sociales.

Algunos componentes de la seguridad alimentaria son los siguientes:

- **Disponibilidad de alimentos**: Se refiere a la suficiencia de alimentos disponibles a nivel nacional, regional y local. Esto depende de la producción, el almacenamiento, el transporte y la distribución de alimentos.
- **Acceso a alimentos**: Implica tener los recursos necesarios para obtener alimentos adecuados y nutritivos. El acceso puede ser limitado por la pobreza, la distribución desigual de los alimentos y la falta de infraestructura adecuada.
- **Uso de alimentos**: Relacionado con cómo el cuerpo utiliza los alimentos consumidos, lo que a su vez depende de la preparación adecuada y de la salud del individuo, incluyendo la necesidad de agua potable y un ambiente sanitario.
- **Estabilidad**: La necesidad de tener acceso a alimentos en todo momento, y no solo esporádicamente. La inestabilidad puede ser causada por fluctuaciones en los precios, conflictos políticos o desastres naturales.

Así, el desperdicio y la pérdida alimentaria impactan directamente la seguridad alimentaria al disminuir la reserva de alimentos disponibles para el consumo. Esto se traduce en una mayor escasez de alimentos en el mercado, lo que puede elevar los precios de los alimentos y dificultar el acceso de las comunidades más vulnerables a alimentos nutritivos y adecuados.

Fig. 6. Las pérdidas y el desperdicio alimentario pueden tener un impacto desproporcionado en los países en desarrollo, donde los sistemas de producción y distribución de alimentos pueden ser menos eficientes y más propensos a la pérdida

El desperdicio de alimentos también repercute indirectamente en la seguridad alimentaria al promover un uso ineficiente de recursos naturales y financieros. La producción de alimentos consume considerables cantidades de recursos valiosos, como tierra, agua, energía y trabajo humano.

Al desperdiciar alimentos, se malgastan estos recursos, los cuales podrían haberse empleado en la producción de más alimentos para atender las necesidades nutricionales de una población mayor. Esto es especialmente preocupante en un contexto de crecimiento demográfico y cambio climático, donde los recursos naturales son cada vez más escasos y preciados.

Además, el desperdicio de alimentos puede tener consecuencias a largo plazo para la seguridad alimentaria al socavar la resiliencia de los sistemas alimentarios frente a crisis y choques externos.

Ejemplo

Por ejemplo, durante la pandemia de COVID-19, se observaron interrupciones significativas en la cadena de suministro de alimentos debido a restricciones de movimiento y cierres de negocios, lo que resultó en un aumento de las pérdidas de alimentos en algunas áreas y en una mayor inseguridad alimentaria para algunas comunidades.

Las consecuencias en términos de equidad social y justicia alimentaria son profundas y de gran alcance cuando se trata del desperdicio alimentario. Este fenómeno no solo refleja una distribución desigual de recursos, sino que también resalta las brechas socioeconómicas y las disparidades en el acceso a alimentos nutritivos y adecuados.

Primero, el excesivo desperdicio de alimentos agrava las desigualdades existentes al malgastar recursos valiosos que podrían utilizarse para cubrir las necesidades alimentarias de las personas que enfrentan dificultades para acceder a suficientes alimentos.

Fig. 7. Mientras que toneladas de alimentos se desperdician cada día, millones de personas en todo el mundo enfrentan inseguridad alimentaria y no tienen acceso garantizado a una dieta nutritiva y equilibrada

Esto refleja una injusticia fundamental en la distribución de recursos y resalta la falta de solidaridad y compasión en nuestra sociedad.

Además, el desperdicio alimentario puede tener un impacto desproporcionado en comunidades marginadas y vulnerables, exacerbando aún más las desigualdades sociales.

Ejemplo

Por ejemplo, en áreas urbanas empobrecidas, donde el acceso a alimentos frescos y saludables puede ser limitado, el desperdicio de alimentos contribuye a la falta de disponibilidad de opciones nutritivas y asequibles. Esto puede perpetuar un ciclo de pobreza y mala nutrición, ya que las familias de bajos ingresos pueden depender más de alimentos baratos y altamente procesados, que son menos nutritivos, pero más duraderos.

Además, el desperdicio alimentario puede tener implicaciones en términos de justicia alimentaria, que se refiere al derecho de todas las personas a acceder a alimentos suficientes, nutritivos y culturalmente apropiados. Cuando se desperdician grandes cantidades de alimentos, se niega este derecho básico a aquellos que no tienen acceso a alimentos adecuados. Esto plantea serias preguntas éticas sobre la equidad en la distribución de recursos y la responsabilidad de aquellos en posiciones de poder para abordar estas desigualdades.

Por su parte, las consecuencias en términos de sostenibilidad ambiental derivadas del desperdicio alimentario son significativas y multifacéticas, afectando diversos aspectos de los ecosistemas y recursos naturales del planeta.

En primer lugar, el desperdicio alimentario contribuye al agotamiento de recursos naturales preciosos, como la tierra, el agua y la energía. La producción de alimentos implica el uso intensivo de estos recursos, desde la deforestación para la agricultura hasta el riego para el cultivo de plantas.

Fig. 8. Cuando los alimentos se desperdician, se desperdician también recursos como la energía o el agua, lo que agrava la presión sobre los ecosistemas y contribuye a su degradación

Además, el desperdicio alimentario tiene consecuencias directas en términos de emisiones de gases de efecto invernadero y cambio climático. Desde la producción hasta la eliminación, el ciclo de vida de los alimentos genera una cantidad significativa de emisiones, incluyendo la liberación de dióxido de carbono por la combustión de combustibles fósiles y la producción de metano en los vertederos. El desperdicio de alimentos intensifica este problema, ya que los alimentos en descomposición emiten gases de efecto invernadero adicionales al ambiente.

El desperdicio alimentario también afecta negativamente la biodiversidad y la salud de los ecosistemas, fomentando prácticas agrícolas que no son sostenibles.

Ejemplo

Por ejemplo, la expansión de la agricultura para satisfacer la demanda de alimentos conduce a la deforestación de bosques y la destrucción de hábitats naturales, lo que reduce la biodiversidad y amenaza la supervivencia de especies endémicas. Cuando los alimentos se desperdician, se perpetúa este ciclo destructivo al aumentar la demanda de recursos naturales y la presión sobre los ecosistemas frágiles.

El desperdicio alimentario tiene efectos perjudiciales sobre la contaminación del agua, suelo y aire, deteriorando así la calidad ambiental y la salud humana.

Ejemplo

Por ejemplo, los residuos de alimentos pueden contaminar los cuerpos de agua cuando se descargan en ríos y lagos, lo que afecta la biodiversidad acuática y amenaza la seguridad del suministro de agua potable. Del mismo modo, la acumulación de residuos orgánicos en vertederos puede generar lixiviados tóxicos que contaminan el suelo y el agua subterránea, además de emitir olores desagradables y gases nocivos a la atmósfera.

Además, las repercusiones económicas del desperdicio alimentario son significativas y afectan a todos los eslabones de la cadena de suministro alimenticio, desde los productores hasta los consumidores finales.

En términos económicos, el desperdicio de alimentos representa una considerable pérdida de recursos financieros en la cadena de valor de los alimentos. Se calcula que el costo económico global de los alimentos desperdiciados alcanza miles de millones de euros anualmente. Esta pérdida económica impacta no solo a agricultores y productores que invierten en la producción de alimentos, sino también a distribuidores, minoristas y consumidores que incurren en costos por alimentos que finalmente no son consumidos.

Ejemplo

Algunos ejemplos específicos de cómo el desperdicio de alimentos influye en cada uno de ellos podrían ser:

- **Agricultores y productores**: Los agricultores invierten en semillas, fertilizantes, agua, y energía para cultivar cultivos que a veces no llegan al mercado debido a cuestiones de estandarización de calidad o sobreproducción. Por ejemplo, si un agricultor produce tomates y una parte significativa de la cosecha no cumple con las normas estéticas del mercado, esos productos son descartados, generando pérdidas directas para el agricultor. Además, esta situación puede disuadir a los agricultores de hacer futuras inversiones en tecnología o prácticas sostenibles, limitando su capacidad para mejorar la eficiencia y la sostenibilidad.
- **Distribuidores y minoristas**: Los distribuidores y minoristas compran y transportan alimentos que pueden terminar no vendiéndose por razones diversas, como mal manejo, almacenamiento inapropiado o simplemente por exceder la demanda del consumidor. Por ejemplo, un supermercado que sobreestima la demanda de un producto puede terminar con exceso de stock que eventualmente se deteriora y debe ser descartado, representando no solo el costo del producto en sí, sino también los costos asociados al almacenamiento y la gestión de inventario.
- **Consumidores**: A nivel de los consumidores, el impacto económico del desperdicio de alimentos se refleja en el gasto de comprar más alimentos de los que realmente necesitan o pueden consumir. Por ejemplo, un consumidor puede comprar grandes cantidades de alimentos perecederos en oferta sin tener la capacidad de consumirlos antes de que se echen a perder. Esto resulta en que una parte de estos alimentos se desecha, lo que significa que el dinero gastado en comprar esos alimentos es efectivamente una pérdida.

Además, el desperdicio alimentario tiene implicaciones en términos de empleo y generación de ingresos. Reducir la pérdida y el desperdicio de alimentos no solo mitiga impactos ambientales y económicos, sino que también puede crear nuevas oportunidades laborales en áreas relacionadas con la gestión alimentaria. Estas incluyen actividades como la recolección y redistribución de alimentos sobrantes, el compostaje de desechos orgánicos, y la investigación y desarrollo de nuevas tecnologías enfocadas en la mejora del almacenamiento y conservación de alimentos.

Adicionalmente, el desperdicio alimentario puede tener repercusiones adversas en las economías locales y nacionales, influyendo en la volatilidad de los precios de los alimentos y generando desequilibrios entre la oferta y la demanda.

Fig. 9. Cuando se desperdician grandes cantidades de alimentos, se reduce la disponibilidad de productos en el mercado, lo que puede elevar los precios de los alimentos y afectar el poder adquisitivo de los consumidores

Además, las ineficiencias en la cadena de suministro de alimentos pueden acarrear costos adicionales relacionados con el almacenamiento, transporte y manejo de residuos. Estos costos adicionales afectan negativamente la rentabilidad de las empresas y limitan su capacidad para realizar inversiones y expandirse.

4. Datos del desperdicio alimentario en España

El análisis del desperdicio alimentario en España ofrece una visión relevante sobre la magnitud del problema y sus implicaciones en el contexto nacional. A través de datos actualizados y fiables, es posible comprender mejor la situación y las áreas donde se deben dirigir los esfuerzos para abordar este desafío de manera efectiva.

Según el último informe elaborado por el Ministerio de Agricultura, Pesca y Alimentación (MAPA) en colaboración con la Agencia Española de Consumo, Seguridad Alimentaria y Nutrición (AECOSAN), se estima que en España se desperdician alrededor de 7.7 millones de toneladas de alimentos cada año. Este volumen representa aproximadamente el 8% del total de alimentos producidos en el país, lo que equivale a un valor económico de más de 14 mil millones de euros anuales.

El informe también destaca que el desperdicio alimentario se produce en todas las etapas de la cadena de suministro, desde la producción primaria hasta el consumidor final. Se estima que aproximadamente el 42% del desperdicio ocurre en los hogares, seguido por el sector de la hostelería y la restauración, que representa alrededor del 39%. El resto se distribuye entre la industria alimentaria (14%) y la distribución minorista (5%).

Fig. 10. Las frutas y verduras lideran la lista de los tipos de alimentos más desperdiciados, seguidas por los productos de panadería y pastelería, los lácteos y los platos preparados

Este patrón refleja tanto los hábitos de consumo de la población española como los desafíos específicos en la gestión de ciertos tipos de alimentos perecederos.

Saber más

Los datos del desperdicio alimentario en España revelan una tendencia positiva en la reducción del desperdicio en los hogares, destacando la eficacia de las iniciativas impulsadas por el Ministerio de Agricultura, Pesca y Alimentación, especialmente a través de su campaña "Aquí no se tira nada".

La estrategia del Ministerio ha demostrado ser efectiva, logrando una senda de decrecimiento del desperdicio doméstico gracias a una mayor concienciación por parte de los hogares. Sin embargo, se señala que aún hay aspectos en los que se puede mejorar, especialmente en la planificación de las ocasiones dentro y fuera del hogar para evitar el desperdicio de alimentos cocinados. Se destaca la importancia de seguir trabajando en dinámicas de aprovechamiento, como la creación de nuevas elaboraciones a partir de sobras de alimentos ya cocinados o productos próximos a echarse a perder, para seguir reduciendo el desperdicio en el futuro.

En cuanto al desperdicio fuera del hogar, a pesar de un aumento del 6,1% en el consumo fuera del hogar durante 2022, se ha logrado una disminución del 11,3% en la cantidad total desperdiciada en comparación con 2021. Esto demuestra una mayor concienciación en el aprovechamiento de los consumos, apoyada por políticas gubernamentales enfocadas en promover este aprovechamiento. Además, la tasa de desperdicio fuera del hogar se sitúa en un 0,8%, lo que indica que solo se está desperdiciando de media algo menos del 1% de todo lo que se consume. Aunque el establecimiento sigue siendo el lugar principal donde se genera el desperdicio extradoméstico, se observa una reducción en su peso, lo que indica una mejora en la gestión de desperdicios en este sector.

Es importante insistir en que, aunque se han realizado avances en la disminución del desperdicio alimentario en España en los últimos años, estos aún son insuficientes.

La siguiente tabla muestra los aspectos más relevantes sobre el desperdicio de alimentos en hogares de España en 2022, según el informe del Ministerio de Agricultura, Pesca y Alimentación:

Aspecto	Descripción	Datos 2022
Cantidad total de desperdicio	Cantidad total de alimentos desperdiciados en los hogares españoles durante el año.	1,170.45 millones kg
Reducción anual	Comparación con el año anterior y con el periodo prepandemia para observar la evolución de la reducción del desperdicio.	-6.1% respecto a 2021, -13.5% respecto a 2019
Desperdicio per cápita	Promedio de kilos o litros de alimentos y bebidas desperdiciados por persona en el hogar.	65.5 kg/litros per cápita
Principales alimentos desperdiciados	Lista de los alimentos más frecuentemente desperdiciados, destacando aquellos con mayor volumen de desperdicio.	Frutas, verduras, pan, lácteos
Factores principales del desperdicio	Razones principales por las cuales se desperdician alimentos en los hogares, como el deterioro, la caducidad y el exceso de compra.	Caducidad, deterioro, exceso de compra
Medidas de prevención	Estrategias implementadas o recomendadas para reducir el desperdicio alimentario en los hogares, como la planificación de comidas y la correcta conservación de alimentos.	Planificación de comidas, conservación adecuada
Impacto medioambiental	Descripción del impacto del desperdicio alimentario en términos de emisiones de CO_2 y otros factores ambientales.	Alta emisión de CO_2 y uso ineficiente de recursos

Por otro lado, con respecto a los datos del informe del Ministerio de Agricultura, Pesca y Alimentación sobre el desperdicio de alimentos fuera de los hogares, la información más destacada relativa al año 2022 se resume en la siguiente tabla:

Aspecto	Descripción	Datos 2022
Reducción de la cantidad total de desperdicio	Reducción total de alimentos desperdiciados en establecimientos de hostelería, restauración y otros servicios alimentarios.	Reducción de 4 millones de kg/l
Reducción anual	Comparación con el año anterior para observar la evolución de la reducción del desperdicio.	-11,3 % respecto a 2021
Principales alimentos desperdiciados	Lista de los alimentos más frecuentemente desperdiciados, destacando aquellos con mayor volumen de desperdicio.	Comida preparada, pan, frutas, verduras
Factores principales del desperdicio	Razones principales por las cuales se desperdician alimentos en estos establecimientos, como el exceso de preparación, porciones grandes y la caducidad.	Exceso de preparación, porciones grandes, caducidad
Medidas de prevención	Estrategias implementadas o recomendadas para reducir el desperdicio alimentario en estos establecimientos, como el ajuste de porciones y la optimización de inventarios.	Ajuste de porciones, optimización de inventarios
Impacto económico	Descripción del impacto económico del desperdicio alimentario, incluyendo el coste asociado a la pérdida de alimentos.	Alto coste económico
Impacto medioambiental	Descripción del impacto del desperdicio alimentario en términos de emisiones de CO_2 y otros factores ambientales.	Alta emisión de CO_2 y uso ineficiente de recursos

Los datos subrayan la necesidad de implementar medidas más eficaces a lo largo de toda la cadena de suministro, así como de fomentar una mayor conciencia y compromiso por parte de los consumidores, las empresas y las instituciones públicas.

Con una comprensión más profunda de esta situación, se pueden desarrollar estrategias más efectivas y sostenibles para reducir el desperdicio alimentario y promover un sistema alimentario más justo, equitativo y sostenible.

5. Actuaciones de las entidades públicas nacionales, europeas e internacionales

Las entidades públicas a nivel nacional, europeo e internacional han reconocido la importancia de abordar el problema del desperdicio alimentario y han implementado una serie de medidas y políticas para combatirlo de manera efectiva.

Fig. 11. Las acciones abarcan desde la promoción de prácticas sostenibles en la cadena de suministro alimentario hasta la sensibilización pública y la colaboración entre distintos actores

A nivel nacional, en España, el Gobierno ha puesto en marcha diversas iniciativas para reducir el desperdicio alimentario y promover la economía circular en el sector agroalimentario. Por ejemplo, el Plan Nacional Integrado de Residuos (PNIR) establece objetivos específicos para reducir el desperdicio alimentario y fomentar la reutilización y el reciclaje de los alimentos excedentes.

Saber más

El Plan Nacional Integrado de Residuos (PNIR) se desarrolla conforme al Real Decreto 1749/98, de 31 de julio, con el propósito de identificar sustancias prohibidas o no autorizadas, así como residuos de medicamentos veterinarios por encima de los límites permitidos por la normativa de la Unión Europea, en animales destinados a la producción de alimentos. Este plan se gestiona a través de la Comisión Nacional del PNIR, que incluye representación de la Administración General del Estado, a través de la Agencia Española de Seguridad Alimentaria, y del Ministerio de Agricultura, Pesca y Alimentación, junto con las Comunidades Autónomas mediante vocales designados por estas.

Una parte clave del PNIR es la realización de muestreos en animales, productos animales, piensos y agua, los cuales se llevan a cabo tanto en establecimientos alimentarios como en la producción primaria, específicamente en las explotaciones ganaderas. Estas muestras son analizadas en laboratorios designados por las autoridades competentes de las Comunidades Autónomas, así como en los Laboratorios Nacionales de Referencia, especialmente para realizar análisis dirimentes en caso de que las muestras resulten positivas.

El PNIR es fundamental para garantizar la seguridad alimentaria y la protección de la salud pública, al detectar y controlar la presencia de sustancias no deseadas en los alimentos de origen animal. Además, juega un papel crucial en el cumplimiento de la normativa europea en materia de residuos y medicamentos veterinarios, asegurando que los alimentos producidos en España cumplan con los estándares de calidad y seguridad establecidos a nivel internacional.

Asimismo, el Ministerio de Agricultura, Pesca y Alimentación ha creado el Plan de Colaboración para la Reducción del Desperdicio Alimentario en el Sector Agroalimentario, que pretende unir a todo el conjunto de actores de la cadena de valor en este reto.

Saber más

El Plan de Colaboración para la Reducción del Desperdicio Alimentario en el Sector Agroalimentario es una iniciativa impulsada por el Gobierno de España, específicamente por el Ministerio de Agricultura, Pesca y Alimentación, con el objetivo de reducir el desperdicio de alimentos en toda la cadena de valor agroalimentaria.

Este plan se centra en promover la colaboración entre diferentes actores del sector, incluyendo productores, distribuidores, minoristas, restauradores y consumidores, con el fin de identificar y aplicar medidas efectivas para prevenir y reducir el desperdicio alimentario en todas las etapas de la cadena de suministro.

Entre las acciones concretas que se pueden llevar a cabo en el marco de este plan se incluyen la mejora de las prácticas de gestión de inventario y almacenamiento, la optimización de los procesos de producción y distribución, la promoción de la venta de productos cercanos a la fecha de caducidad, y la sensibilización y educación de los consumidores sobre la importancia de reducir el desperdicio alimentario.

Por otro lado, la Unión Europea ha adoptado varias iniciativas y estrategias para abordar el desperdicio alimentario como parte de su agenda de economía circular y sostenibilidad. La Estrategia de la Granja a la Mesa, por ejemplo, plantea objetivos ambiciosos para disminuir el desperdicio alimentario desde la producción agrícola hasta el consumidor final.

 **Saber más**

El objetivo principal de la Estrategia de la Granja a la Mesa es garantizar la producción de alimentos de alta calidad de manera sostenible, reduciendo al mismo tiempo el impacto ambiental y mejorando la salud y el bienestar de los ciudadanos europeos. Para lograr esto, la estrategia establece una serie de objetivos y medidas concretas en áreas clave como la reducción del uso de pesticidas y fertilizantes, la promoción de prácticas agrícolas sostenibles, la mejora de la biodiversidad y la protección de los recursos naturales.

Además, la Estrategia de la Granja a la Mesa también busca abordar otros desafíos importantes en el sistema alimentario, como el desperdicio de alimentos, la resistencia a los antimicrobianos, y la promoción de dietas saludables y sostenibles. Para ello, se prevén acciones para mejorar la eficiencia en la cadena de suministro, reducir las pérdidas y el desperdicio de alimentos, y fomentar la producción y el consumo de alimentos locales y de temporada.

La Comisión Europea, por su parte, ha creado la Plataforma Europea de Lucha contra el Desperdicio Alimentario, para compartir buenas prácticas y promover la colaboración en la reducción del desperdicio.

A nivel internacional, organizaciones como la Organización de las Naciones Unidas para la Alimentación y la Agricultura (FAO) y el Programa de las Naciones Unidas para el Medio Ambiente (PNUMA) han hecho esfuerzos para concienciar sobre esta cuestión a nivel global y promover acciones coordinadas entre los países.

Ejemplo

Un ejemplo destacado de la iniciativa SAVE FOOD (Salvar los Alimentos) de la Organización de las Naciones Unidas para la Alimentación y la Agricultura (FAO) es la campaña de sensibilización y educación que se lleva a cabo a nivel mundial para concienciar sobre el desperdicio alimentario y promover soluciones prácticas.

Esta campaña incluye la realización de eventos, talleres, seminarios y conferencias en diferentes países, dirigidos a diversos grupos de interés, como agricultores, procesadores de alimentos, minoristas, consumidores y responsables políticos. A través de estas actividades, se comparten conocimientos, mejores prácticas y estrategias efectivas para reducir el desperdicio alimentario en todas las etapas de la cadena de suministro.

Además, SAVE FOOD colabora con socios clave en la industria alimentaria, el sector público y la sociedad civil para desarrollar proyectos piloto y programas de acción que aborden específicamente las causas subyacentes del desperdicio alimentario y promuevan soluciones innovadoras y sostenibles.

Por ejemplo, SAVE FOOD ha trabajado en la implementación de tecnologías de conservación de alimentos, como el envasado al vacío y la refrigeración adecuada, en regiones donde las pérdidas postcosecha son especialmente altas debido a la falta de infraestructuras y recursos. También ha apoyado programas de capacitación y asistencia técnica para pequeños agricultores y empresas agroalimentarias, ayudándoles a mejorar sus prácticas de manejo de alimentos y reducir las pérdidas durante la producción, el procesamiento y la distribución.

Las acciones llevadas a cabo por entidades públicas a nivel nacional, europeo e internacional demuestran un compromiso común para enfrentar el problema del desperdicio alimentario de forma colaborativa e integral. A través de la implementación de políticas y estrategias innovadoras, se busca reducir el desperdicio alimentario y promover un sistema alimentario más justo, sostenible y resiliente a nivel mundial.

Varias estrategias innovadoras que se están implementando o se podrían implementar a nivel mundial para abordar este desafío podrían ser las siguientes:

- **Tecnología de monitoreo y Big Data**: Utilizar tecnologías avanzadas para monitorizar las condiciones de almacenamiento y transporte de alimentos puede ayudar a minimizar las pérdidas.

Fig. 12. Sensores y sistemas de IoT pueden alertar a los operadores sobre condiciones que podrían llevar a un deterioro prematuro de los alimentos, como temperaturas inadecuadas o humedad elevada

- **Plataformas de compartición de alimentos**: Aplicaciones y plataformas digitales que permiten a los restaurantes, supermercados y consumidores donar o vender a precio reducido alimentos que están cerca de su fecha de caducidad. Ejemplos incluyen apps como "Too Good To Go" donde los consumidores pueden comprar alimentos que de otro modo serían desechados.

 **Saber más**

"Too Good To Go" es una aplicación móvil y una iniciativa que tiene como objetivo combatir el desperdicio de alimentos al conectar a consumidores con restaurantes, cafeterías, supermercados y otros establecimientos que tienen excedentes de comida al final del día. Esta plataforma permite a los usuarios comprar alimentos de calidad a precios reducidos, que de otro modo serían desechados.

La aplicación funciona de manera simple:

1. Los establecimientos se registran y enumeran sus excedentes diarios, que pueden incluir productos de panadería, platos preparados, frutas, verduras y otros alimentos.
2. Los consumidores usan la aplicación para buscar ofertas cercanas y reservan "cajas sorpresa" de alimentos a precios reducidos.
3. Los consumidores recogen sus cajas en el horario establecido por el comercio, generalmente fuera de las horas pico o al final del día laboral.
1. Iniciativas digitales como esta ayudan a reducir el desperdicio de alimentos y a promover la conciencia ambiental, proporcionando acceso a alimentos a precios asequibles, y permitiendo a los negocios reducir pérdidas y gestionar mejor su inventario.

- **Mejora de la cadena de suministro**: Implementar prácticas logísticas que ajusten mejor la producción y la demanda, como sistemas de inventario gestionado por proveedores (VMI), donde los proveedores mantienen el inventario en los niveles óptimos en los puntos de venta basándose en la demanda real.

- **Educación y concientización del consumidor**: Campañas para educar a los consumidores sobre cómo almacenar adecuadamente los alimentos, comprender las fechas de caducidad (diferenciando entre "consumir preferentemente antes de" y "fecha de caducidad"), y promover el cocinado con "sobras" pueden reducir significativamente el desperdicio en los hogares.

- **Empaquetado innovador**: Desarrollar empaques que extiendan la vida útil de los alimentos, como atmósferas modificadas que controlan el intercambio de gases o empaques que contienen indicadores de frescura. Esto puede ayudar a mantener los alimentos en buen estado por más tiempo y reducir el desperdicio.

- **Normativas flexibles sobre estándares de alimentos**: Modificar las regulaciones que desechan alimentos basados en estándares estéticos. Esto podría incluir políticas que permitan la venta de "frutas feas" a precios reducidos, lo cual ha sido implementado por algunas cadenas de supermercados en Europa.

- **Políticas de subsidios revisadas**: Ajustar las políticas de subsidios agrícolas para desincentivar la sobreproducción y, en cambio, fomentar prácticas de cultivo sostenibles y diversificadas que reflejen mejor la demanda del mercado y mejoren la resiliencia de los sistemas alimentarios.

Los empaques con atmósferas modificadas (MAP, por sus siglas en inglés de Modified Atmosphere Packaging) son una tecnología que ajusta la composición del gas dentro del empaque de alimentos para prolongar su frescura. Esto se logra alterando los niveles de oxígeno, dióxido de carbono y nitrógeno dentro del paquete:

- **Reducción del oxígeno**: Disminuir la cantidad de oxígeno ralentiza la oxidación y el crecimiento de microorganismos aeróbicos.

- **Incremento del dióxido de carbono**: Aumentar el CO2 puede inhibir el crecimiento de moho y otras bacterias.

- **Uso de nitrógeno**: El nitrógeno es un gas inerte que se usa para desplazar el oxígeno y estabilizar el volumen del paquete, evitando el colapso sobre productos delicados.

  Esta técnica es ampliamente utilizada para productos como carnes frescas, pescados, snacks, quesos, y productos horneados, ayudando a mantener la calidad y frescura durante el transporte y almacenamiento.

  Los empaques que contienen indicadores de frescura incorporan tecnologías que proporcionan información visual sobre la condición del producto o su exposición a condiciones no óptimas.

Estos indicadores pueden ser de varios tipos:

- **Indicadores de temperatura**: Cambian de color o forma si el producto ha sido expuesto a temperaturas fuera de un rango seguro, lo que puede acelerar su deterioro.
- **Indicadores de calidad del aire**: Reaccionan a cambios en la composición del gas dentro del empaque, como un aumento en el dióxido de carbono o la presencia de amoníaco, que pueden indicar descomposición.
- **Indicadores de tiempo**: Proporcionan información sobre el período transcurrido desde el envasado o la apertura del empaque, ayudando a determinar si un alimento sigue siendo seguro para el consumo.

Estas estrategias requieren una colaboración entre gobiernos, industrias y consumidores, y apuntan a una transformación integral del sistema alimentario que minimice el desperdicio y promueva un enfoque más sostenible y eficiente en el uso de los recursos.

Por último, diversas ciudades y regiones han implementado medidas específicas para reducir el desperdicio alimentario. Estas iniciativas reflejan un esfuerzo coordinado a nivel local y regional para abordar el problema del desperdicio alimentario, promoviendo tanto la reducción de residuos como la reutilización de recursos alimentarios en la cadena de producción y consumo.

Por un lado, el Ayuntamiento de Málaga ha lanzado iniciativas para fomentar el reciclaje y la correcta gestión de residuos orgánicos. Entre sus acciones, se incluyen charlas informativas y la distribución gratuita de papeleras a los ciudadanos para incentivar el uso del contenedor marrón. Esta medida busca mejorar la recogida selectiva de residuos orgánicos, aumentando así la eficiencia en su tratamiento y transformación en compost.

Por su parte, Valladolid y Valencia, entre otras ciudades, participan en el *Pacto de Milán* sobre Políticas Alimentarias Urbanas. Este pacto tiene como objetivo garantizar el derecho a una alimentación saludable y sostenible, especialmente para los colectivos más vulnerables. Las estrategias alimentarias en ambas ciudades incluyen la promoción de la transparencia y la rendición de cuentas, así como la coordinación entre distintos actores sociales y administrativos.

 **Saber más**

El Pacto de Milán sobre Políticas Alimentarias Urbanas es una iniciativa global que busca transformar los sistemas alimentarios urbanos hacia una mayor sostenibilidad y resiliencia. Lanzado en octubre de 2015 durante la Expo Mundial en Milán, Italia, el pacto ha sido firmado por más de 200 ciudades en todo el mundo. Estas ciudades se comprometen a implementar políticas que aborden la seguridad alimentaria, la promoción de dietas saludables y la reducción del desperdicio alimentario.

Uno de los objetivos fundamentales del Pacto de Milán es asegurar el derecho a la alimentación. Esto implica garantizar que todos los ciudadanos, especialmente los más vulnerables, tengan acceso a alimentos sanos, seguros y nutritivos. Las políticas alimentarias urbanas promovidas por el pacto buscan equilibrar la oferta y la demanda de alimentos, asegurando que haya suficiente suministro para satisfacer las necesidades nutricionales de toda la población.

Además, el pacto promueve la adopción de dietas sostenibles y nutritivas. Esto incluye el fomento del consumo de alimentos frescos, de temporada y producidos localmente.

Al apoyar la producción local, se reduce la dependencia de los alimentos importados y se disminuye la huella de carbono asociada al transporte de alimentos. Esta iniciativa no solo tiene beneficios ambientales, sino que también apoya a los agricultores y productores locales, fortaleciendo las economías urbanas.

Reducir el desperdicio alimentario es otro objetivo clave del Pacto de Milán. Las ciudades firmantes se comprometen a implementar estrategias para minimizar la cantidad de alimentos que se pierden o desperdician a lo largo de toda la cadena alimentaria, desde la producción hasta el consumo. Estas estrategias incluyen la promoción de prácticas de gestión adecuadas, el fomento de la donación de alimentos excedentes y la educación pública sobre la importancia de reducir el desperdicio alimentario.

La agricultura urbana y periurbana también juega un papel importante en las políticas alimentarias promovidas por el pacto. Al fomentar la producción de alimentos dentro y alrededor de las ciudades, se mejora la seguridad alimentaria y se reduce la distancia que los alimentos deben recorrer para llegar a los consumidores. Esta práctica también puede contribuir a la creación de espacios verdes y a la mejora de la calidad del aire en las áreas urbanas.

 **Importante**

Las campañas de educación y concienciación son esenciales para el éxito del Pacto de Milán. Las ciudades firmantes se comprometen a desarrollar programas educativos y campañas de sensibilización para informar a los ciudadanos sobre la importancia de adoptar prácticas alimentarias sostenibles. Estos esfuerzos buscan cambiar los hábitos de consumo y fomentar una cultura de responsabilidad y sostenibilidad en torno a la alimentación.

El impacto del Pacto de Milán se puede observar en diversas ciudades españolas que han implementado estas políticas. Por ejemplo, Valladolid y Valencia han desarrollado estrategias alimentarias que incluyen la promoción de la transparencia y la rendición de cuentas, así como la coordinación entre distintos actores sociales y administrativos. Estas ciudades se enfocan en garantizar el derecho a la alimentación, especialmente para los colectivos más vulnerables, y en fomentar la participación del sector privado, académicos y la sociedad civil en la toma de decisiones relacionadas con la alimentación.

Barcelona es otra ciudad que ha adoptado el Pacto de Milán y ha implementado políticas para fomentar la producción local de alimentos, reducir el desperdicio alimentario y promover dietas saludables. La ciudad ha desarrollado proyectos de huertos urbanos y programas de educación alimentaria en las escuelas, contribuyendo así a la creación de un sistema alimentario más sostenible y resiliente.

Madrid también ha llevado a cabo diversas iniciativas en línea con los objetivos del pacto, incluyendo la promoción del reciclaje de residuos orgánicos y la implementación de mercados de productores locales para reducir la huella de carbono y apoyar la economía local.

Por su parte, la comunidad autónoma de Cataluña ha desarrollado una ley específica contra el desperdicio alimentario, complementada con una guía para su aplicación en distintos sectores. Esta ley obliga a las empresas a elaborar planes de prevención y a generar datos que permitan establecer objetivos de reducción del despilfarro. Cataluña también promueve la venta de productos imperfectos o con fecha de caducidad próxima a precios reducidos, y fomenta la transformación de alimentos no vendidos en otros productos como zumos o mermeladas.

Por último, el startup Bene Bono, que opera en Madrid y otras ciudades españolas, rescata frutas y verduras ecológicas e imperfectas que son rechazadas por las grandes superficies.

Resumen

Esta unidad se centra en examinar a fondo el problema de las pérdidas y el desperdicio alimentario, abordando diferentes aspectos relacionados con su origen, causas, consecuencias y las acciones emprendidas para hacerle frente.

Se destaca la importancia de este tema en el contexto global actual, subrayando su impacto en la seguridad alimentaria, la sostenibilidad ambiental y la equidad social. Por otro lado, se exploran las diversas causas que contribuyen a las pérdidas y el desperdicio alimentario, que van desde factores logísticos y técnicos hasta aspectos económicos, sociales y culturales.

Posteriormente, se analizan las consecuencias y el impacto de las pérdidas y el desperdicio alimentario en diferentes ámbitos, como la seguridad alimentaria, la sostenibilidad ambiental, la equidad social y el desarrollo económico. Se destaca cómo este problema afecta negativamente a la salud humana, la conservación de los recursos naturales y la estabilidad económica.

A continuación, se proporcionan datos específicos sobre el desperdicio alimentario en España, destacando la magnitud del problema y sus implicaciones en el contexto nacional. Se señala que el desperdicio ocurre en todas las etapas de la cadena de suministro alimentario, desde la producción hasta el consumo, y se identifican los tipos de alimentos más desperdiciados y las áreas donde se concentra el desperdicio.

Finalmente, se examinan las actuaciones llevadas a cabo por entidades públicas a nivel nacional, europeo e internacional para abordar el desperdicio alimentario. Se destacan las iniciativas y estrategias desarrolladas para promover prácticas sostenibles en la cadena de suministro alimentario, mejorar la concienciación pública y fomentar la colaboración entre diferentes actores en la lucha contra el desperdicio alimentario.

Glosario

Brecha alimentaria

La disparidad entre la cantidad de alimentos producidos y la cantidad necesaria para alimentar a la población mundial, que puede conducir a la inseguridad alimentaria y la malnutrición.

Cadena de suministro alimentario

La serie de procesos involucrados en la producción, procesamiento, distribución y consumo de alimentos, desde la granja hasta la mesa.

Concienciación pública

El proceso de educar e informar a la población sobre temas específicos para promover cambios de comportamiento y actitudes hacia ciertos problemas o desafíos.

Desperdicio alimentario

La pérdida de alimentos comestibles a lo largo de la cadena de suministro, desde la producción hasta el consumo, que podría haber sido consumido por humanos.

Economía circular

Un enfoque económico que busca minimizar el desperdicio y promover la reutilización, reciclaje y recuperación de recursos para mantener su valor en la economía durante el mayor tiempo posible.

Economía neoclásica

Una teoría económica que se enfoca en la eficiencia en la asignación de recursos a través del mercado, considerando que los agentes económicos actúan racionalmente para maximizar su utilidad.

Ecosistema

Un sistema biológico compuesto por organismos vivos y su entorno físico, que interactúan entre sí y con los factores abióticos del medioambiente.

Efecto invernadero

El fenómeno natural por el cual ciertos gases presentes en la atmósfera retienen el calor solar, lo que resulta en un aumento de la temperatura en la superficie terrestre, conocido como calentamiento global.

Equidad social

La justa distribución de recursos y oportunidades en la sociedad, promoviendo la igualdad de derechos y el acceso a servicios básicos para todos los individuos, independientemente de su origen o situación económica.

Inseguridad alimentaria

La situación en la que las personas no tienen acceso seguro y regular a alimentos suficientes para llevar una vida activa y saludable, debido a la falta de recursos económicos o acceso a alimentos nutritivos.

Justicia alimentaria

El derecho de todas las personas a acceder a alimentos suficientes, nutritivos y culturalmente apropiados, garantizando la igualdad de oportunidades en la producción, distribución y consumo de alimentos.

Normativa comunitaria

Las leyes y regulaciones establecidas por instituciones supranacionales, como la Unión Europea, que rigen la actividad económica y social en los países miembros.

Resiliencia

La capacidad de un sistema para resistir, adaptarse y recuperarse de perturbaciones o crisis, manteniendo su función y estructura básicas.

Seguridad alimentaria

La situación en la que todas las personas tienen acceso físico, social y económico a alimentos suficientes, seguros y nutritivos que satisfacen sus necesidades dietéticas y preferencias alimentarias para una vida activa y saludable.

Sostenibilidad ambiental

La capacidad de satisfacer las necesidades del presente sin comprometer la capacidad de las futuras generaciones para satisfacer sus propias necesidades, asegurando la preservación de los recursos naturales y los ecosistemas.

Ejercicios de autoevaluación

1. **¿Cuál es el objetivo principal del Plan Nacional Integrado de Residuos (PNIR)?**

   a. Reducir el consumo de alimentos.

   b. Identificar sustancias prohibidas en animales productores de alimentos.

   c. Promover la exportación de alimentos.

   d. Fomentar la agricultura ecológica.

2. **¿Quiénes participan en la Comisión Nacional del PNIR?**

   a. Solo representantes del Ministerio de Agricultura, Pesca y Alimentación.

   b. Representantes de la Unión Europea.

   c. Representantes de las Comunidades Autónomas y del Gobierno central.

   d. Representantes de las empresas de distribución de alimentos.

3. **¿Dónde se llevan a cabo los muestreos en el marco del PNIR?**

   a. Exclusivamente en establecimientos alimentarios.

   b. Solo en laboratorios nacionales de referencia.

   c. En establecimientos alimentarios y en la producción primaria.

   d. En laboratorios europeos designados por la Unión Europea.

4. **¿Qué porcentaje del desperdicio alimentario en España se produce en los hogares?**

   a. 10%

   b. 25%

   c. 42%

   d. 60%

5. ¿Cuál es el tipo de alimento más desperdiciado en España?

    a. Carnes.

    b. Pescados y mariscos.

    c. Frutas y verduras.

    d. Productos lácteos.

6. ¿Cuál es el propósito de la Estrategia de la Granja a la Mesa de la Unión Europea?

    a. Reducir el consumo de alimentos en Europa.

    b. Promover la agricultura intensiva.

    c. Aumentar la producción de alimentos.

    d. Reducir el desperdicio alimentario en toda la cadena de suministro.

7. ¿Qué organismo lidera la campaña "SAVE FOOD" para combatir el desperdicio alimentario a nivel mundial?

    a. FAO.

    b. OMS.

    c. UNESCO.

    d. PNUMA.

8. ¿Cuál es la importancia de la Comisión Nacional del PNIR?

    a. Promover la exportación de alimentos.

    b. Identificar sustancias prohibidas en animales productores de alimentos.

    c. Analizar la situación económica de la agricultura.

    d. Representar a las empresas alimentarias.

9. **¿Cuál es uno de los efectos del desperdicio alimentario en la seguridad alimentaria?**

   a. Aumento de la producción agrícola.
   b. Reducción de la disponibilidad de alimentos.
   c. Mejora de la calidad de los alimentos.
   d. Incremento de la diversidad alimentaria.

10. **¿Qué papel desempeña la economía neoclásica en el análisis del desperdicio alimentario?**

   a. Destaca las limitaciones estructurales del sistema alimentario.
   b. Enfatiza la importancia de la producción agrícola.
   c. Aborda el tema desde la perspectiva de la eficiencia en la asignación de recursos.
   d. Se centra en la distribución equitativa de los alimentos.

U. A. 2. Proyecto de ley de prevención de las pérdidas y el desperdicio alimentario

Objetivos

- Comprender los objetivos y propósitos fundamentales del Proyecto de Ley de Prevención de las Pérdidas y el Desperdicio Alimentario, tanto en el ámbito nacional como internacional.
- Analizar los principios que sustentan esta legislación y su relevancia para la gestión eficaz de los recursos alimentarios.
- Identificar las obligaciones generales impuestas por la ley, así como las específicas para empresas de hostelería y restauración, y otras entidades relacionadas con la cadena alimentaria.
- Explorar las medidas e instrumentos propuestos por esta normativa para prevenir y reducir las pérdidas y el desperdicio alimentario, evaluando su viabilidad y eficacia.
- Conocer el marco de infracciones y sanciones establecido por la ley, y comprender su importancia como mecanismo de cumplimiento y garantía de los objetivos de prevención y reducción del desperdicio alimentario.

1. Introducción

La problemática de las pérdidas y desperdicio alimentario constituye un desafío global que impacta tanto en la seguridad alimentaria como en la sostenibilidad ambiental y económica. En este contexto, la legislación juega un papel imprescindible al establecer marcos normativos que promuevan la prevención y reducción de estas pérdidas a lo largo de toda la cadena alimentaria. Esta unidad se sumerge en el análisis del Proyecto de Ley de Prevención de las Pérdidas y el Desperdicio Alimentario, ofreciendo una visión detallada de sus objetivos, principios rectores y obligaciones para empresas e instituciones involucradas en la producción, distribución y consumo de alimentos.

El proyecto de ley aborda la dimensión nacional de esta problemática, y se alinea con iniciativas internacionales destinadas a mitigar el impacto del desperdicio alimentario en términos sociales, ambientales y económicos. A través de un enfoque integral, esta legislación busca fomentar prácticas más sostenibles y responsables en toda la cadena de valor alimentaria, impulsando la adopción de medidas concretas para minimizar las pérdidas desde la producción hasta el consumo final. En este sentido, el análisis detallado de los objetivos, principios, obligaciones y medidas propuestas por el proyecto de ley constituye un paso fundamental para comprender su alcance y potencial impacto en la gestión de los recursos alimentarios.

La problemática de las pérdidas y desperdicio alimentario ha cobrado una relevancia creciente en las agendas políticas y sociales a nivel mundial. Este fenómeno, caracterizado por la pérdida de alimentos a lo largo de toda la cadena de producción, distribución y consumo, representa no solo una ineficiencia económica, sino también un desafío significativo para la seguridad alimentaria y la sostenibilidad ambiental. Desde una perspectiva teórica, el análisis de este problema se enmarca dentro del estudio de la gestión de recursos alimentarios y la economía circular, donde se examinan las complejas interacciones entre los sistemas agrícolas, industriales y de consumo.

Las causas del desperdicio alimentario son multifacéticas y se entrelazan con diversos aspectos socioeconómicos, culturales y ambientales. Desde la perspectiva de la oferta, factores como la falta de infraestructuras adecuadas, prácticas agrícolas ineficientes y problemas logísticos contribuyen a la generación de excedentes alimentarios que terminan siendo desperdiciados.

Fig. 1. En el ámbito de la demanda, el comportamiento del consumidor, los estándares estéticos impuestos por la industria y la gestión inadecuada de los alimentos en hogares, restaurantes y cadenas de distribución también desempeñan un papel fundamental en este fenómeno

El Proyecto de Ley de Prevención de las Pérdidas y el Desperdicio Alimentario surge como respuesta a esta problemática compleja y urgente. Este documento legislativo, elaborado con un enfoque integral y multidisciplinario, busca abordar las causas y consecuencias del desperdicio alimentario desde una perspectiva normativa y regulatoria. En su estructura, el proyecto se fundamenta en principios que buscan promover la eficiencia en la gestión de los recursos alimentarios, así como la equidad en su distribución y consumo.

Anotación

Este proyecto de ley establece objetivos claros y específicos, orientados a la prevención y reducción de las pérdidas alimentarias en todas las etapas de la cadena de valor. Entre sus principales propósitos se encuentra la promoción de prácticas sostenibles de producción, distribución y consumo de alimentos, así como el fomento de la colaboración entre los distintos actores del sistema alimentario para mejorar la eficiencia y la transparencia en la gestión de los recursos.

Además, el proyecto de ley establece un marco normativo que define las obligaciones y responsabilidades tanto de las empresas del sector alimentario como de otras entidades relacionadas.

Fig. 2. A través de medidas específicas y la imposición de sanciones por incumplimiento, se busca garantizar el cumplimiento de los objetivos establecidos y promover un cambio de paradigma hacia una cultura de aprovechamiento y valorización de los alimentos

En este sentido, el análisis detallado de los principios y disposiciones contenidos en el proyecto de ley proporciona una base sólida para comprender su alcance y potencial impacto en la prevención y reducción del desperdicio alimentario.

La sociedad española y europea, junto con las instituciones nacionales y comunitarias, han mostrado una creciente preocupación por las pérdidas y el desperdicio alimentario en todas las etapas de la cadena alimentaria. Esta preocupación se ha traducido en la demanda de medidas para prevenir y reducir estas pérdidas, lo que representa una oportunidad significativa para garantizar el abastecimiento alimentario, mitigar los riesgos medioambientales, conservar recursos no renovables y evitar pérdidas económicas. Los poderes públicos han comenzado a tomar conciencia gradualmente de esta problemática, actuando progresivamente para abordar esta situación insostenible.

A nivel internacional, el Foro de Alto Nivel de la Organización de las Naciones Unidas para la Agricultura y la Alimentación (FAO), celebrado en Roma en 2009, aprobó el documento "Cómo alimentar al mundo en 2050", destacando la necesidad de aumentar la producción de alimentos para satisfacer la creciente demanda de una población en aumento y abordar las pérdidas y el desperdicio de alimentos. Esta problemática se ha reconocido como una oportunidad desaprovechada para mejorar el nivel de nutrición de las poblaciones más pobres y reducir el empleo ineficiente de recursos naturales y la gestión inadecuada de residuos biodegradables.

 **Saber más**

El documento "Cómo alimentar al mundo en 2050" fue aprobado durante el Foro de Alto Nivel de la Organización de las Naciones Unidas para la Agricultura y la Alimentación (FAO), que tuvo lugar en Roma en 2009. Este foro fue una reunión muy importante que reunió a líderes mundiales, expertos en seguridad alimentaria, académicos y representantes de la sociedad civil para abordar los desafíos relacionados con la alimentación y la agricultura a nivel global.

El informe "Cómo alimentar al mundo en 2050" aborda una preocupación fundamental: cómo garantizar la seguridad alimentaria para una población mundial en constante crecimiento. Se prevé que para el año 2050, la población mundial alcanzará los 9 mil millones de personas, lo que plantea desafíos significativos en términos de producción agrícola, distribución de alimentos y acceso a una nutrición adecuada.

El informe analiza varios aspectos clave relacionados con la seguridad alimentaria, incluida la necesidad de aumentar la producción agrícola de manera sostenible, mejorar la eficiencia en el uso de los recursos naturales, promover prácticas agrícolas respetuosas con el medioambiente y garantizar un acceso equitativo a los alimentos.

Además, el documento destaca la importancia de abordar las desigualdades en el acceso a los alimentos y la nutrición, así como los impactos del cambio climático en la producción agrícola y la seguridad alimentaria. Proporciona recomendaciones y estrategias para los gobiernos, las organizaciones internacionales y la sociedad en su conjunto para hacer frente a estos desafíos de manera efectiva y sostenible.

El establecimiento del Día Internacional contra el Desperdicio de Alimentos el 29 de septiembre y el objetivo de desarrollo sostenible (ODS) 12 de la Agenda 2030, que busca reducir a la mitad el desperdicio de alimentos por habitante para 2030, reflejan el compromiso internacional con esta causa. Además, las iniciativas del G20 y la Unión Europea han subrayado la importancia económica, ambiental y social de abordar las pérdidas y el desperdicio alimentario en todas las cadenas de valor alimentarias, promoviendo sistemas alimentarios sostenibles y reduciendo el impacto ambiental asociado.

Fig. 3. La adopción de medidas a nivel europeo ha sido significativa en la lucha contra el desperdicio alimentario

La Comisión Europea, en colaboración con los Estados miembros, ha desarrollado diversas iniciativas y estrategias para abordar esta problemática. En 2010, se elaboró el "Estudio preparatorio de los residuos alimentarios en la UE-27", seguido por la Resolución del Parlamento Europeo en 2012 sobre cómo evitar el desperdicio de alimentos. Estas acciones marcaron el inicio de un enfoque coordinado para mejorar la eficiencia de la cadena alimentaria en la Unión Europea y reducir el desperdicio de alimentos en todas las etapas, desde la producción hasta el consumo.

 **Saber más**

El "Estudio preparatorio de los residuos alimentarios en la UE-27" realizado por la Comisión Europea en 2010 destaca la generación de aproximadamente 89 millones de toneladas de residuos alimentarios anuales en la UE, lo que equivale a unos 179 kilogramos por persona. Este estudio revela que, sin medidas preventivas adicionales, esta cantidad podría aumentar a 126 millones de toneladas para el año 2020. Además, aborda la disparidad entre países y sectores en la cantidad de residuos producidos.

La adopción de resoluciones y conclusiones por parte del Parlamento Europeo y el Consejo ha impulsado aún más esta agenda, fomentando la sensibilización, estableciendo objetivos concretos de reducción del desperdicio de alimentos y promoviendo prácticas sostenibles en toda la cadena alimentaria. Además, la revisión de la Directiva Marco de Residuos en 2018 y la adopción de medidas para prevenir la generación de residuos, incluidos los residuos alimentarios, reflejan el compromiso de la Unión Europea con la economía circular y la sostenibilidad ambiental.

La reciente Ley 7/2022, de residuos y suelos contaminados para una economía circular, también ha establecido medidas específicas para prevenir la generación de residuos alimentarios en España, reflejando la importancia nacional de abordar esta problemática. Estas medidas buscan reducir significativamente los residuos alimentarios en todas las etapas de la cadena alimentaria, priorizando la donación de alimentos y promoviendo prácticas responsables en la producción, distribución y consumo de alimentos.

La Ley 7/2022, de residuos y suelos contaminados para una economía circular, aprobada en España, busca promover la transición hacia una economía circular, reduciendo la generación de residuos y mejorando la gestión de los mismos. Esta ley implementa varias medidas importantes:

- **Prevención y reducción de residuos**: La ley tiene como objetivo la reducción de los impactos adversos de la generación y gestión de residuos, así como mejorar la eficiencia en el uso de recursos para proteger el medioambiente y la salud humana.
- **Impuestos y obligaciones fiscales**: Introduce impuestos como el impuesto especial sobre los envases de plástico no reutilizables y el impuesto sobre el depósito de residuos en vertederos e incineración. Estos impuestos buscan desincentivar prácticas no sostenibles y fomentar el reciclaje y la reutilización.
- **Prohibiciones específicas**: Prohíbe la comercialización de plásticos de un solo uso, como pajitas y recipientes de poliestireno expandido, y establece requisitos para que los envases de plástico mantengan sus tapas y tapones unidos durante su uso.
- **Fomento de la reutilización y reciclaje**: Los comercios deberán destinar espacio para la venta de productos sin embalaje primario y aceptar recipientes reutilizables de los consumidores. Además, establece la obligatoriedad de nuevas recogidas separadas para distintos tipos de residuos, como biorresiduos y textiles.
- **Gestión de recursos**: La ley también promueve el uso de agua no embotellada y la prohibición de destruir excedentes no vendidos de productos no perecederos, priorizando su reutilización o reciclaje.

El Proyecto de Ley de Prevención de las Pérdidas y el Desperdicio Alimentario es una respuesta legislativa integral ante la creciente preocupación por este fenómeno global. Con un enfoque multidisciplinario, busca abordar las causas y consecuencias del desperdicio alimentario desde una perspectiva normativa y regulatoria.

Este proyecto establece objetivos claros y específicos para prevenir y reducir las pérdidas alimentarias en todas las etapas de la cadena de valor. Busca promover prácticas sostenibles de producción, distribución y consumo de alimentos, así como fomentar la colaboración entre los distintos actores del sistema alimentario para mejorar su eficiencia y transparencia.

Además, define obligaciones y responsabilidades para empresas del sector alimentario y otras entidades relacionadas, estableciendo medidas específicas y sanciones por incumplimiento.

Fig. 4. El proyecto pretende instaurar una cultura de aprovechamiento y valorización, promoviendo un cambio hacia una gestión más eficiente y responsable de los recursos

Resumen

En resumen, este proyecto de ley representa un paso significativo en la lucha contra el desperdicio alimentario, al proporcionar un marco normativo que busca impulsar prácticas más sostenibles y equitativas en toda la cadena alimentaria. Su análisis detallado revela un enfoque integral y ambicioso para abordar este problema complejo y urgente.

2. Objetivos y fines de la normativa

El Proyecto de Ley de Prevención de las Pérdidas y el Desperdicio Alimentario tiene como objetivo principal la prevención y reducción de las pérdidas y desperdicio de alimentos en todas las etapas de la cadena alimentaria. Esto implica involucrar a todos los agentes del proceso, desde la producción hasta el consumo final, con el propósito de establecer una jerarquía de prioridades y facilitar la donación de alimentos para satisfacer las necesidades alimentarias de la población más vulnerable.

Fig. 5. En consonancia con este objetivo general, la ley busca promover una producción y consumo más sostenible, al tiempo que garantiza la seguridad alimentaria y la inocuidad de los alimentos

Entre los fines específicos de esta normativa se encuentran la disminución de las pérdidas y el desperdicio de alimentos mediante una gestión más eficiente de los recursos, lo que implica promover la bioeconomía circular. Asimismo, se busca sensibilizar e informar a todos los agentes involucrados en la cadena alimentaria, así como a la ciudadanía en general, sobre la importancia de la prevención y reducción de las pérdidas y el desperdicio alimentario. Además, se fomenta la donación de alimentos garantizando la seguridad alimentaria y la trazabilidad, así como la recuperación y distribución de excedentes alimentarios con fines de solidaridad social.

Vocabulario

La **bioeconomía circular** es un concepto que busca integrar los principios de la economía circular con la utilización de recursos biológicos renovables. Este enfoque se centra en la sostenibilidad y en la creación de un modelo económico que respete los límites ambientales y fomente la cohesión social. La idea es mejorar la eficiencia en el uso de recursos naturales y reducir la dependencia de los recursos fósiles, promoviendo el uso de materiales y energía biológicos que sean sostenibles y renovables.

Dentro de la bioeconomía circular, se enfatiza la importancia de valorizar residuos y desechos, transformándolos en nuevos productos o energía, lo que no solo ayuda a reducir la contaminación y la generación de desechos, sino que también crea oportunidades económicas y de empleo. Se trata de un modelo que abarca diversos sectores económicos como la agricultura, la silvicultura, la industria pesquera, y la biotecnología, aplicando la circularidad a sus procesos productivos para maximizar la reutilización y el reciclaje de materiales.

Otro objetivo clave de la normativa es promover la investigación e innovación en el ámbito de la prevención y reducción de las pérdidas y el desperdicio alimentario, así como dar respuesta al objetivo sobre producción y consumo responsables de la Agenda 2030.

Fig. 6. La normativa busca reducir las emisiones de gases de efecto invernadero y otros contaminantes asociados al desperdicio alimentario, contribuyendo así a la mitigación del cambio climático y la protección del medioambiente

**Saber más**

La Agenda 2030 para el Desarrollo Sostenible es un plan de acción mundial adoptado por los Estados miembros de las Naciones Unidas en 2015, dirigido a promover la paz y la prosperidad para las personas y el planeta ahora y en el futuro. La agenda está estructurada en torno a 17 Objetivos de Desarrollo Sostenible (ODS), que abarcan desde la erradicación de la pobreza hasta la protección del medioambiente y la garantía de educación y salud para todos.

Estos objetivos no solo buscan abordar los grandes desafíos globales como la pobreza, la desigualdad, el cambio climático, la degradación ambiental, la paz y la justicia, sino que también están interconectados y diseñados para dejar a nadie atrás, asegurando que se promueva un desarrollo inclusivo y equitativo a nivel mundial. La implementación de los ODS requiere un esfuerzo colaborativo tanto a nivel local como global, involucrando múltiples actores como gobiernos, empresas, sociedad civil y ciudadanos.

Para alcanzar estos objetivos, la ONU ha llamado a una década de acción desde 2020 hasta 2030, que implica movilizar liderazgo, recursos y soluciones innovadoras para acelerar los progresos. Además, se reconoce que el éxito de la agenda dependerá de la creación de alianzas sólidas y del compromiso de todos los sectores de la sociedad.

3. Principios de la ley

Las actividades destinadas a prevenir y reducir las pérdidas y el desperdicio alimentario se regirán por una serie de principios rectores establecidos en el Proyecto de Ley. En primer lugar, se enfatiza la eficiencia en el uso de los recursos de la cadena alimentaria. Esto implica la promoción de prácticas y tecnologías que permitan maximizar la utilización de los alimentos, minimizando así las pérdidas y el desperdicio en todas las etapas de la cadena de suministro.

Algunas de las prácticas y tecnologías que maximizan el uso de recursos son:

- **Tecnologías de conservación de alimentos**: Esto incluye métodos como el envasado al vacío, la refrigeración, el congelamiento y el uso de atmósferas modificadas para prolongar la vida útil de los alimentos y reducir su deterioro.
- **Sistemas de gestión de inventario y cadena de suministro**: Herramientas digitales y software de gestión que permiten un seguimiento preciso de los productos desde su producción hasta su venta, lo que ayuda a evitar el exceso de inventario y minimiza las pérdidas debido a la obsolescencia.

- **Tecnologías de recolección y procesamiento**: Equipos y maquinaria avanzados que facilitan la recolección eficiente de cultivos y la transformación de materias primas en productos alimentarios, reduciendo las pérdidas durante estas etapas.
- **Técnicas de agricultura sostenible**: Prácticas agrícolas que promueven la salud del suelo, el uso eficiente del agua y la conservación de los recursos naturales, lo que contribuye a una producción más estable y menos susceptible a las pérdidas por enfermedades o condiciones climáticas adversas.
- **Tecnologías de información y comunicación (TIC)**: Plataformas y aplicaciones que facilitan la comunicación entre los diversos actores de la cadena alimentaria, lo que permite una mejor planificación, coordinación y gestión de los recursos.
- **Programas de educación y sensibilización**: Iniciativas dirigidas a consumidores, productores, minoristas y otros actores de la cadena alimentaria para aumentar la conciencia sobre el problema del desperdicio alimentario y promover prácticas más responsables en la compra, preparación y consumo de alimentos.
- **Prácticas de gestión de sobrantes**: Establecimiento de políticas y procedimientos para manejar los excedentes de alimentos de manera adecuada, como la donación a organizaciones benéficas o el compostaje para su uso como fertilizante.

La **prevención** es otro principio clave de la ley, con el objetivo de fomentar la adopción de medidas orientadas a evitar que los alimentos se desperdicien en primer lugar.

Fig. 7. La prevención incluye la implementación de prácticas de producción más sostenibles, el desarrollo de sistemas de gestión de inventarios más eficientes y la promoción de hábitos de consumo responsable por parte de los consumidores

La ley también establece una jerarquía de prioridades para los agentes de la cadena alimentaria, con el fin de orientar sus actuaciones en la prevención y reducción del desperdicio alimentario. Esta jerarquía incluye la donación de alimentos y otros tipos de redistribución para consumo humano como la primera opción preferente, seguida de la transformación de los productos no vendidos en otros productos alternativos y la alimentación animal. Además, se fomenta la utilización de los alimentos como subproductos en otras industrias y, en última instancia, su reciclado y valorización energética.

 Importante

La primera opción preferente, dentro del contexto de la jerarquía de prioridades establecida en el Proyecto de Ley, se refiere a la donación de alimentos y otros métodos de redistribución destinados al consumo humano. Esta prioridad implica que, cuando se generen excedentes alimentarios o productos que no se van a comercializar, pero aún son aptos para el consumo humano, la primera acción que se debe tomar es la donación de estos alimentos a personas o entidades que los necesiten, como bancos de alimentos, organizaciones benéficas o programas sociales. La donación de alimentos permite reducir el desperdicio alimentario al tiempo que contribuye a combatir la inseguridad alimentaria y apoya a comunidades vulnerables. Es considerada la opción más favorable y ética dentro de la jerarquía de prioridades establecida en el Proyecto de Ley.

Por último, la ley busca fomentar la educación y concienciación respecto a la prevención de las pérdidas y el desperdicio alimentario entre la ciudadanía en general.

Fig. 8. Las campañas de sensibilización, programas educativos y acciones de divulgación están destinadas a promover un cambio de actitud y comportamiento hacia una gestión más responsable de los alimentos

4. Obligaciones

El capítulo II del proyecto de ley aborda las obligaciones que deben cumplir los diferentes actores involucrados en la cadena alimentaria para prevenir y reducir las pérdidas y desperdicios alimentarios. Estas obligaciones se establecen con el objetivo de promover prácticas más responsables y sostenibles en la gestión de alimentos, tanto a nivel general como en sectores específicos como la hostelería y restauración, así como otras empresas y entidades relacionadas.

4.1. Obligaciones generales

Las obligaciones generales establecidas en el proyecto de ley abarcan una serie de responsabilidades fundamentales que recaen sobre todos los agentes de la cadena alimentaria. Estas disposiciones son esenciales para promover una gestión más eficiente de los recursos alimentarios y reducir el desperdicio en todas las etapas de la cadena.

En primer lugar, se destaca la importancia de aplicar la jerarquía de prioridades definida en la ley para la prevención y reducción de las pérdidas y desperdicio alimentario. Esta jerarquía establece un orden de preferencia en las acciones a tomar, priorizando la donación de alimentos y la redistribución para consumo humano, seguida de la transformación de alimentos aptos en otros productos alternativos, la alimentación animal, la utilización como subproductos en otras industrias y, finalmente, el reciclado y la valorización energética.

Además de esta jerarquía, se establece la obligación de aplicar las medidas contempladas en la Ley 7/2022 para la reducción de los residuos alimentarios. Esta ley complementaria incluye disposiciones específicas relacionadas con la donación de alimentos, que todos los agentes de la cadena deben cumplir en su totalidad.

Fig. 9. Una de las disposiciones más destacadas es la prohibición expresa de que cualquier estipulación contractual pueda impedir la donación de alimentos

Esto asegura que ninguna barrera legal o contractual obstaculice el flujo de alimentos excedentes hacia aquellos que los necesitan, reforzando así el compromiso de reducir el desperdicio alimentario.

Algunos ejemplos de este tipo de barreras son los siguientes:

- **Leyes de responsabilidad**: En algunos lugares, las leyes pueden hacer que las empresas donantes teman ser responsabilizadas por cualquier daño o enfermedad que pueda resultar de los alimentos donados. Sin protecciones legales adecuadas, como las leyes de "buen samaritano" que ofrecen inmunidad a los donantes de buena fe, las empresas pueden ser reacias a donar alimentos excedentes.
- **Regulaciones sanitarias estrictas**: Aunque esenciales para garantizar la seguridad alimentaria, las regulaciones muy estrictas pueden desalentar a las

empresas de donar alimentos que son seguros pero que no cumplen con ciertos criterios estéticos o de frescura, como frutas y verduras con imperfecciones físicas.

- **Contratos de exclusividad**: Algunas empresas tienen contratos que les impiden donar alimentos a ciertos grupos o en ciertas áreas. Estos acuerdos pueden incluir cláusulas que limitan la redistribución de productos no vendidos a terceros, incluidas organizaciones benéficas.

- **Regulaciones sobre fechas de caducidad**: Las leyes que prohíben la donación de productos después de la fecha de "mejor antes" pueden impedir que alimentos perfectamente comestibles sean donados. Es importante diferenciar entre fechas de "consumo preferente" y "caducidad" para facilitar la donación de alimentos que aún son seguros y nutritivos.

- **Barreras fiscales**: La falta de incentivos fiscales o beneficios tributarios para las empresas que donan alimentos puede ser una barrera. Si las leyes fiscales no ofrecen deducciones o reconocimientos por donaciones, las empresas podrían no ver un beneficio tangible en donar los alimentos excedentes.

- **Requisitos de etiquetado**: En algunas jurisdicciones, los alimentos donados deben cumplir con requisitos específicos de etiquetado que pueden ser costosos o laboriosos para las empresas, lo que desalienta la donación de alimentos.

Superar estas barreras implica tanto cambios legislativos como cooperación entre las entidades gubernamentales, las empresas y las organizaciones benéficas. Al abordar estos obstáculos, se puede facilitar una mayor redistribución de alimentos y contribuir significativamente a la reducción del desperdicio alimentario.

Asimismo, se establece la obligación de colaborar con las Administraciones para cuantificar los residuos alimentarios, lo que refleja la importancia de la transparencia y la cooperación entre los agentes de la cadena y las autoridades públicas en la gestión de este problema.

La transparencia en esta colaboración asegura que todos los actores involucrados tengan acceso a la misma información, lo que facilita una toma de decisiones más informada y coherente. Además, esta apertura fomenta la confianza entre las partes y permite a las Administraciones públicas diseñar políticas y regulaciones más efectivas basadas en datos reales y verificables.

La obligación de colaborar con las administraciones públicas para cuantificar los residuos alimentarios implica la participación activa de distintos niveles de gobierno que podrían incluir:

- **Administraciones locales**: Los ayuntamientos y otros entes locales pueden estar directamente involucrados en la recolección de datos sobre residuos alimentarios en sus áreas, dada su proximidad y responsabilidad en la gestión de residuos urbanos.
- **Administraciones regionales o autonómicas**: En muchos países, las regiones o comunidades autónomas tienen competencias en materia de medioambiente y gestión de residuos. Estas administraciones pueden establecer regulaciones específicas y programas de seguimiento acordes con las necesidades y características de sus territorios.
- **Administración nacional**: El gobierno central puede tener un rol coordinador y de apoyo, estableciendo normativas nacionales y facilitando recursos para la recolección y análisis de datos sobre residuos alimentarios.
- **Agencias y organismos públicos especializados**: Entidades como agencias de protección ambiental o ministerios específicos de medioambiente también estarían involucrados, proporcionando directrices técnicas y apoyo logístico.

Fig. 10. Las obligaciones generales constituyen un marco normativo integral que busca impulsar prácticas más responsables y sostenibles en la gestión de alimentos en toda la cadena alimentaria, desde la producción hasta el consumo final

4.2. Obligaciones específicas para las empresas de hostelería y restauración

Las empresas de hostelería y restauración desempeñan un papel imprescindible en la reducción del desperdicio alimentario, dado el volumen significativo de alimentos que manejan diariamente. En este sentido, el proyecto de ley establece una serie de obligaciones específicas para estas empresas con el fin de promover prácticas más responsables y sostenibles:

En primer lugar, se destaca la obligación de facilitar al consumidor la posibilidad de llevarse, sin coste adicional, los alimentos no consumidos. Esta medida busca fomentar el aprovechamiento de los excedentes alimentarios y reducir la cantidad de alimentos desperdiciados en los establecimientos de hostelería y restauración.

Fig. 11. Es importante resaltar que esta disposición no se aplica en casos como los formatos de servicio de bufé libre, donde la disponibilidad de comida no está limitada

Además, se establece la obligación de informar de manera clara y visible en el propio establecimiento sobre la posibilidad de llevarse los alimentos no consumidos. Esta medida busca concienciar a los clientes sobre la importancia de reducir el desperdicio alimentario y promover una cultura de consumo responsable.

En cuanto al tipo de envases utilizados para empacar los alimentos que se llevarán, se establece que deben ser aptos para uso alimentario, reutilizables o fácilmente reciclables. Esta disposición busca minimizar el impacto ambiental de los envases utilizados y promover prácticas más sostenibles en la gestión de residuos.

La Organización de las Naciones Unidas para la Alimentación y la Agricultura (FAO) y otros estudios sobre sostenibilidad en el embalaje alimentario sugieren que el diseño de envases sostenibles debería considerar no solo la reducción del impacto ambiental sino también la seguridad alimentaria y el valor social. Esto implica el uso de materiales que conserven bien los alimentos, que sean seguros para los consumidores y que minimicen los residuos y la contaminación ambiental.

Ejemplo

Por ejemplo, los envases de alimentos sostenibles pueden incluir aquellos hechos de plásticos reciclados o bioplásticos que son compostables bajo condiciones específicas. También se destacan los envases diseñados para ser reutilizados múltiples veces antes de ser reciclados, reduciendo así la cantidad total de envases necesarios.

Además, se promueve el uso de tecnologías que aumenten la vida útil de los alimentos empaquetados, como empaques con atmósfera modificada que pueden extender la frescura de los productos alimenticios sin el uso de conservantes adicionales. Esto no solo ayuda a reducir el desperdicio de alimentos, sino que también disminuye la frecuencia con la que se necesitan producir nuevos envases.

Estos enfoques hacia los envases alimentarios sostenibles son parte de una estrategia más amplia para hacer que las cadenas de valor alimentario sean más sostenibles y están alineados con los principios de la economía circular, que busca mantener los productos, materiales y recursos en uso durante el mayor tiempo posible.

Anotación

Estas obligaciones específicas para las empresas de hostelería y restauración tienen como objetivo principal promover prácticas más responsables y sostenibles en la gestión de alimentos, contribuyendo así a la reducción del desperdicio alimentario en este sector clave.

4.3. Obligaciones específicas para otras empresas y entidades

Además de las empresas de hostelería y restauración, otras empresas y entidades que forman parte de la cadena alimentaria también tienen obligaciones específicas según el proyecto de ley.

Ejemplo

Por ejemplo, los productores agrícolas y ganaderos están obligados a adoptar prácticas de cultivo y cría más sostenibles, que minimicen las pérdidas de alimentos durante la producción. Esto puede incluir técnicas de cultivo que reduzcan el desperdicio, la implementación de mejores métodos de almacenamiento para evitar la pérdida poscosecha, y la utilización eficiente de los recursos naturales.

Las empresas procesadoras de alimentos también tienen responsabilidades específicas. Deben optimizar sus procesos para reducir al mínimo los residuos generados durante la transformación de materias primas en productos terminados. Esto implica la mejora de las técnicas de procesamiento, la reutilización de subproductos y la minimización de los desechos generados en sus instalaciones. Además, estas empresas deben garantizar que los alimentos que no cumplen con los estándares estéticos, pero que son seguros para el consumo, sean redirigidos para su uso en lugar de ser desechados.

Fig.12. Estas obligaciones están diseñadas para promover prácticas más sostenibles y responsables en la gestión de alimentos, contribuyendo así a la reducción del desperdicio alimentario en todos los eslabones de la cadena

A continuación, se detallan algunas de estas obligaciones:

- **Disposición de un plan de aplicación para la prevención del desperdicio alimentario**: Todas las empresas y entidades implicadas en la cadena alimentaria deben contar con un plan que contemple cómo aplicar la jerarquía de prioridades establecida en la ley. Este plan debe incluir medidas concretas para prevenir el desperdicio de alimentos y promover su reutilización cuando sea posible.
- **Acuerdos o convenios para la donación de excedentes alimentarios**: Se insta a estas empresas y entidades a llegar a acuerdos o convenios para donar sus excedentes de alimentos a organizaciones sin ánimo de lucro, bancos de alimentos u otras entidades dedicadas a la redistribución de alimentos. Esta medida busca garantizar que los alimentos que no pueden ser comercializados sean destinados a personas en situación de vulnerabilidad en lugar de ser desperdiciados.
- **Garantizar la trazabilidad de los productos donados**: Aquellas empresas y entidades que se dedican a la distribución de alimentos para la donación deben mantener un sistema de registro que permita rastrear la procedencia y el destino de los productos donados.
- **Mantener prácticas de higiene adecuadas**: Es fundamental que estas empresas y entidades mantengan prácticas de higiene adecuadas en la conservación y manipulación de los alimentos bajo su control. Esto contribuye a prevenir la contaminación y asegurar la calidad de los alimentos donados.

Se insta a las empresas y entidades a llegar a acuerdos o convenios para donar sus excedentes de alimentos a organizaciones sin ánimo de lucro, bancos de alimentos u otras entidades dedicadas a la redistribución de alimentos. Esta medida busca garantizar que los alimentos que no pueden ser comercializados sean destinados a personas en situación de vulnerabilidad en lugar de ser desperdiciados.

Fig. 13. Estas obligaciones específicas para otras empresas y entidades buscan promover una gestión más responsable y sostenible de los alimentos, contribuyendo así a la reducción del desperdicio alimentario y a la satisfacción de las necesidades alimentarias de la población más vulnerable

El proceso de garantizar la trazabilidad de los productos donados es fundamental para asegurar que los alimentos distribuidos sean seguros y de calidad.

Los pasos clave de este proceso son los siguientes:

1. **Registro de procedencia**: Las empresas y entidades que reciben o gestionan donaciones de alimentos deben llevar un registro detallado de dónde provienen estos productos. Esto incluye la información del donante original, como su nombre, dirección, y detalles sobre el tipo de alimentos donados. Esta información es importante para poder identificar la fuente de cualquier problema de calidad o seguridad que pueda surgir posteriormente.

2. **Documentación de control de calidad**: A medida que los alimentos son recibidos, se debe realizar un control de calidad para verificar que cumplan con las normativas sanitarias aplicables. Esto incluye controles de temperatura para alimentos perecederos, inspección visual para detectar daños o contaminación, y verificaciones de fechas de caducidad.

3. **Sistema de seguimiento**: Los alimentos deben ser etiquetados y codificados de manera que se pueda rastrear su trayecto completo. Esto a menudo implica el uso de códigos de barras o sistemas de gestión de inventario electrónico que registran cuándo y dónde se movilizan los alimentos dentro del sistema de distribución.

4. **Registro de destino**: Es igualmente importante documentar a dónde van los alimentos después de ser procesados. Los beneficiarios finales de las donaciones, como bancos de alimentos, refugios u otras organizaciones benéficas, deben ser registrados. Esto incluye la fecha de entrega y la cantidad de alimentos distribuidos.

5. **Auditorías y controles**: Periódicamente, se deben realizar auditorías para verificar la integridad del sistema de trazabilidad. Esto puede incluir la revisión de los registros y la realización de pruebas de trazabilidad para asegurar que el sistema funcione correctamente y que la información sea precisa.

6. **Capacitación y cumplimiento**: Las empresas y entidades involucradas deben asegurarse de que su personal esté debidamente capacitado en los procedimientos de trazabilidad y manejo de alimentos. Además, deben cumplir con todas las leyes y regulaciones locales e internacionales relevantes para la seguridad alimentaria y la distribución de alimentos donados.

5. Medidas e instrumentos para prevenir y reducir las pérdidas y el desperdicio alimentario

El capítulo III del proyecto de ley detalla las medidas y buenas prácticas destinadas a prevenir y reducir las pérdidas y el desperdicio alimentario, tanto en empresas que venden alimentos al consumidor final como en el sector de la hostelería y otros proveedores de servicios alimentarios, conforme al proyecto de ley.

Por un lado, se delinean las acciones específicas que pueden llevar a cabo las empresas que comercializan alimentos directamente al consumidor final, en colaboración con las autoridades pertinentes, con el objetivo de minimizar las pérdidas y el desperdicio alimentario:

- **Infraestructuras adecuadas**: Es fundamental que estas empresas cuenten con instalaciones apropiadas que aseguren condiciones óptimas durante la manipulación, almacenamiento y transporte de alimentos.

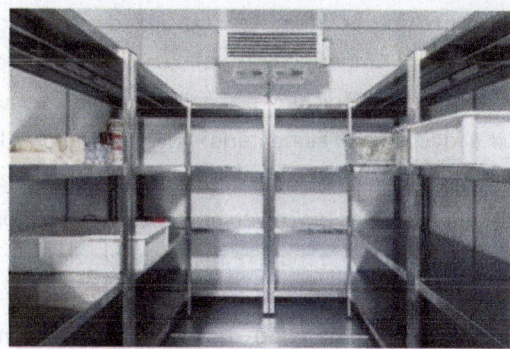

Fig. 14. Una infraestructura adecuada supone implementar sistemas de refrigeración adecuados, áreas de almacenamiento adecuadamente organizadas y medios de transporte que garanticen la integridad de los productos perecederos

- **Desarrollo de protocolos específicos**: La elaboración de protocolos específicos destinados a reducir al mínimo las pérdidas y el desperdicio alimentario a lo largo de la cadena de suministro es esencial. Estos protocolos deberían abordar aspectos como la gestión de inventarios, la planificación de la producción en función de la demanda y la optimización de las rutas de distribución para reducir los tiempos de transporte.

- **Incentivos para la venta de productos próximos a su fecha de caducidad:** Se pueden establecer políticas que promuevan la venta de productos con fecha de consumo preferente próxima, siempre y cuando estos productos sean seguros para el consumo humano.

Fig. 15. Los incentivos para la venta de productos próximos a su fecha de caducidad contribuyen a reducir el desperdicio y representan una oportunidad para los consumidores de adquirir productos a precios más bajos

- **Líneas de venta especiales**: La creación de líneas de venta dedicadas a productos "feos" o "imperfectos", así como la promoción de alimentos de temporada, locales, ecológicos y sostenibles, puede ser una estrategia efectiva para reducir el desperdicio alimentario. Además, mejorar la información sobre el aprovechamiento de alimentos, por ejemplo, proporcionando recetas creativas para utilizar ingredientes en diversas preparaciones, puede incentivar a los consumidores a comprar de manera más consciente.

- **Capacitación y sensibilización del personal**: Es fundamental capacitar y sensibilizar al personal sobre la importancia de la prevención y reducción del desperdicio alimentario. Esto puede incluir programas de formación que aborden temas como la gestión eficiente de inventarios, técnicas de almacenamiento adecuadas y la identificación de alimentos aptos para la donación.

- **Divulgación de información para los consumidores:** Es necesario informar a los consumidores sobre la importancia de una compra y consumo responsables. Las empresas pueden exhibir en lugares visibles propuestas de divulgación de las Administraciones competentes, que incluyan recomendaciones para una mejor planificación de menús, compras sostenibles, prácticas de cocina de reaprovechamiento y consejos sobre el manejo adecuado de fechas de caducidad y consumo preferente.

Fig. 16. La divulgación ayuda a concienciar a los consumidores y a promover comportamientos más sostenibles en la gestión de alimentos

Por otro lado, se especifican las acciones que pueden implementar las autoridades públicas en colaboración con el sector de la hostelería y otros proveedores de servicios alimentarios, con el fin de reducir las pérdidas y el desperdicio alimentario:

- **Promoción de compras sostenibles**: Se puede fomentar la adopción de criterios de compra sostenible, como la preferencia por alimentos frescos, locales o ecológicos, que reduzcan la huella ambiental y promuevan la economía de proximidad. Esto puede lograrse mediante campañas de sensibilización y el establecimiento de incentivos para aquellos establecimientos que opten por proveedores locales y productos de temporada.
- **Flexibilización de menús:** Promover la flexibilización de los menús en los establecimientos de hostelería permite que los clientes elijan la guarnición o las raciones de distinto tamaño, lo que puede contribuir a reducir el desperdicio de alimentos al adaptarse mejor a las preferencias y necesidades individuales de los consumidores.
- **Fomento de la donación de alimentos:** Es fundamental promover la donación de alimentos excedentes a través de acuerdos con bancos de alimentos u otras organizaciones sociales. Esto no solo ayuda a reducir el desperdicio, sino que también permite que los alimentos sean destinados a personas en situación de vulnerabilidad.
- **Entrega a instalaciones de compostaje:** Para los restos alimentarios que no son aptos para la donación, se puede promover su entrega a instalaciones de compostaje conforme a la normativa de residuos.

Estas acciones, en conjunto, permiten a las autoridades públicas y al sector de la hostelería trabajar de manera colaborativa y efectiva para reducir las pérdidas y el desperdicio alimentario, contribuyendo a una gestión más sostenible de los recursos.

Fig. 17. Las entregas a instalaciones de compostaje contribuyen a reducir la cantidad de residuos enviados a vertederos y fomenta la valorización de los desechos orgánicos para la producción de compost, que puede ser utilizado como fertilizante en la agricultura

6. Infracciones y sanciones

El capítulo VI del proyecto de ley establece un marco claro y detallado para abordar las infracciones en materia de pérdidas y desperdicio alimentario, clasificándolas en leves, graves y muy graves. Esta clasificación es complementaria a otras responsabilidades legales, lo que asegura una cobertura amplia y efectiva contra el desperdicio de alimentos. La compatibilidad con otros regímenes sancionadores, como los relacionados con residuos, calidad alimentaria y salud pública, refuerza el enfoque integral de la ley.

La siguiente tabla muestra los aspectos más relevantes de las distintas sanciones:

Tipo de infracción	Descripción	Sanción
Leve	<ul><li>No aplicar la jerarquía de prioridades</li><li>No donar alimentos aptos.</li><li>Prohibición de donación por contrato.</li><li>Falta de colaboración con Administraciones públicas</li></ul>	Apercibimiento o multa de hasta 2.000 euros
Grave	<ul><li>Falta de un plan de prevención.</li><li>Discriminación en la distribución.</li><li>Reincidencia en infracciones leves dentro de dos años</li></ul>	Multa entre 2.001 y 60.000 euros
Muy grave	Reincidencia en infracciones graves dentro de dos años	Multa entre 60.001 y 500.000 euros

Las infracciones leves, aunque menos severas, abordan aspectos fundamentales como la omisión en la aplicación de la jerarquía de prioridades, la falta de donación de alimentos aptos, y la prohibición de donaciones mediante cláusulas contractuales. Estas infracciones reflejan la necesidad de cumplir con prácticas básicas de gestión alimentaria y colaboración con las administraciones públicas.

Por otro lado, las infracciones graves destacan la importancia de tener un plan de prevención de pérdidas y desperdicio alimentario. La discriminación en la distribución de alimentos por motivos de diversidad también se considera grave, subrayando la equidad en el acceso a los alimentos. La reincidencia en infracciones leves dentro de un período de dos años es otro factor que eleva la severidad de la infracción.

Finalmente, las infracciones muy graves se reservan para casos de reincidencia en infracciones graves dentro de dos años, lo que demuestra un compromiso serio con la reducción del desperdicio alimentario y la necesidad de un cumplimiento continuo y mejorado. Las sanciones correspondientes, que van desde apercibimientos y multas leves hasta multas significativas para infracciones graves y muy graves, buscan disuadir y corregir comportamientos inadecuados de manera proporcional y efectiva.

Importante

Este enfoque estructurado y estricto en la aplicación de sanciones refuerza la intención de la ley de no solo reducir el desperdicio alimentario, sino también fomentar una cultura de responsabilidad y sostenibilidad en toda la cadena alimentaria. La inclusión de medidas sancionadoras adecuadas y bien definidas asegura que las entidades responsables se adhieran a las mejores prácticas y contribuyan activamente a un sistema alimentario más eficiente y equitativo.

Fig. 18. Las comunidades autónomas pueden establecer umbrales diferentes y otras sanciones adicionales en sus respectivas normativas

Resumen

El proyecto de ley aborda de manera integral el problema de las pérdidas y el desperdicio alimentario, reconociendo su relevancia en términos económicos, sociales y ambientales. Para abordar esta cuestión, se establecen una serie de medidas, obligaciones, y sanciones dirigidas a los diferentes actores involucrados en la cadena alimentaria.

En primer lugar, se establece una jerarquía de prioridades para la prevención y reducción de pérdidas, dando preferencia a la donación de alimentos aptos para el consumo humano, seguida de la transformación en otros productos, la alimentación animal, y finalmente, el reciclaje y la valorización energética. Esta jerarquía refleja un enfoque de economía circular y sostenibilidad ambiental.

Las empresas de hostelería y restauración tienen la obligación de ofrecer al consumidor la opción de llevarse los alimentos no consumidos, utilizando envases aptos para alimentos. Por otro lado, otras empresas y entidades dedicadas a la distribución de alimentos para donación deben garantizar la trazabilidad de los productos, mantener prácticas adecuadas de higiene, y evitar la discriminación en la entrega de alimentos.

En cuanto al régimen sancionador, se establecen tres categorías de infracciones: leves, graves y muy graves, con multas que varían según la gravedad de la infracción. Estas sanciones se aplican de manera compatible con otras responsabilidades civiles, penales o administrativas.

Además, se promueve la colaboración entre las Administraciones públicas y los agentes de la cadena alimentaria para la cuantificación de los residuos alimentarios, facilitando la obtención de información y el intercambio de datos necesarios para la aplicación efectiva de las medidas de prevención y reducción.

En resumen, el proyecto de ley busca promover una gestión más eficiente y sostenible de los recursos alimentarios, fomentando la colaboración entre los diferentes actores y estableciendo medidas claras y obligaciones para prevenir y reducir las pérdidas y el desperdicio alimentario.

Glosario

Agentes de la cadena alimentaria

Las entidades involucradas en cualquier etapa de la cadena alimentaria, incluyendo productores, procesadores, distribuidores, minoristas y consumidores.

Cadena alimentaria

El conjunto de actividades relacionadas con la producción, procesamiento, distribución y consumo de alimentos.

Compostaje

Proceso de descomposición de materia orgánica para obtener compost, un fertilizante natural que se utiliza en agricultura y jardinería.

Desperdicio alimentario

La pérdida de alimentos que ocurre cuando los alimentos aptos para el consumo humano son descartados, ya sea en la cadena de suministro o en el consumo final.

Discriminación

La acción de tratar de manera injusta o desfavorable a una persona o grupo de personas por motivos de género, raza, edad, discapacidad, orientación sexual u otras características.

Donación de alimentos

La transferencia de alimentos aptos para el consumo humano a personas desfavorecidas a través de organizaciones sin ánimo de lucro.

Economía circular

Un modelo económico que busca reducir el desperdicio de recursos y promover la reutilización, el reciclaje y la renovación de productos y materiales.

Economía de proximidad

Un enfoque que promueve el consumo de productos locales para reducir la huella ambiental y apoyar la economía local.

Economía sostenible

Un enfoque económico que busca satisfacer las necesidades actuales sin comprometer la capacidad de las futuras generaciones para satisfacer sus propias necesidades.

Fecha de consumo preferente

Indicación en el etiquetado de los alimentos que señala el período durante el cual el alimento conserva sus propiedades específicas.

Infraestructuras adecuadas

Instalaciones y equipos diseñados para garantizar condiciones óptimas en la manipulación, almacenamiento y transporte de alimentos, con el fin de minimizar las pérdidas.

Jerarquía de prioridades

Un enfoque que establece un orden de preferencia en la gestión de residuos, dando prioridad a la prevención, seguida de la reutilización, reciclaje y valorización energética.

Ley de Residuos Alimentarios

Legislación destinada a prevenir y reducir las pérdidas y el desperdicio alimentario, estableciendo obligaciones y medidas para los diferentes actores de la cadena alimentaria.

Pérdidas alimentarias

La disminución involuntaria de la cantidad o calidad de los alimentos durante su producción, procesamiento, almacenamiento, distribución o consumo.

Régimen sancionador

Conjunto de normas y procedimientos que establecen las sanciones aplicables en caso de incumplimiento de la legislación.

Resolución firme

Una decisión administrativa que no está sujeta a recurso y que adquiere carácter definitivo.

Trazabilidad de los productos

La capacidad de rastrear el origen y el destino de los alimentos a lo largo de la cadena de suministro.

Buenas prácticas de higiene

Conjunto de medidas y procedimientos destinados a garantizar la seguridad y la calidad de los alimentos durante su manipulación y almacenamiento.

Ejercicios de autoevaluación

1. ¿Cuáles son las categorías de infracciones según el proyecto de ley?

- a. Leves, moderadas y graves.
- b. Leves, graves y muy graves.
- c. Menores, importantes y críticas.
- d. Leves, graves y muy graves.

2. ¿Cuál es una infracción grave según el proyecto de ley?

- a. No aplicar la jerarquía de prioridades.
- b. Carecer de un plan de prevención de pérdidas alimentarias.
- c. No colaborar con las Administraciones públicas.
- d. Discriminar en la distribución de alimentos.

3. ¿Qué otro tipo de responsabilidades pueden acompañar a las infracciones alimentarias según el proyecto de ley?

- a. Responsabilidades laborales únicamente.
- b. Responsabilidades penales únicamente.
- c. Responsabilidades civiles, penales o de otro tipo.
- d. Ninguna, las infracciones son independientes.

4. ¿Cuál es una de las sanciones aplicables a las infracciones graves?

- a. Multa de hasta 2.000 euros.
- b. Multa entre 2.001 y 60.000 euros.
- c. Apercibimiento.
- d. Suspensión temporal de la actividad.

5. ¿Qué pueden hacer las comunidades autónomas en relación con las sanciones establecidas?

a. Reducir las multas para todas las infracciones.

b. Aumentar el umbral de sanciones para las infracciones leves.

c. Establecer umbrales diferentes y otras sanciones adicionales.

d. Anular las sanciones aplicadas por el gobierno central.

6. ¿Qué se considera una infracción muy grave según el proyecto de ley?

a. No llevar a cabo la donación de alimentos aptos para el consumo humano.

b. No colaborar con las Administraciones públicas para cuantificar los residuos alimentarios.

c. La discriminación en el acceso a la distribución de alimentos.

d. La reincidencia en infracciones graves dentro de un período de dos años.

7. ¿Cuál es una de las medidas de buenas prácticas a desempeñar por las empresas que venden alimentos al consumidor final según el proyecto de ley?

a. Incentivar la venta de productos con fecha de consumo preferente o de caducidad próxima.

b. Disponer de infraestructuras adecuadas para minimizar las pérdidas y el desperdicio alimentario.

c. No llevar a cabo la donación de alimentos no vendidos.

d. Discriminar en el acceso al reparto de alimentos por motivos de edad o sexo.

8. **¿Qué deben promover las Administraciones públicas junto con el sector de la hostelería y otros proveedores de servicios alimentarios según el proyecto de ley?**

   a. El cobro obligatorio por los envases de plástico de un solo uso.
   b. La incorporación de criterios de compra sostenible.
   c. La limitación de las opciones de menú para reducir las pérdidas alimentarias.
   d. La discriminación en la selección de alimentos para donación.

9. **¿Cuál es una medida de buenas prácticas para el sector de la hostelería y otros proveedores de servicios alimentarios según el proyecto de ley?**

   a. Impedir expresamente mediante estipulación contractual la donación de alimentos.
   b. No ofrecer productos frescos ni locales en los menús.
   c. Fomentar la entrega a instalaciones de compostaje de los restos alimentarios.
   d. Discriminar en la selección de alimentos para donación.

10. **¿Qué tipo de acuerdos se deben celebrar para donar los excedentes de alimentos según el proyecto de ley?**

   a. Acuerdos exclusivamente con empresas lucrativas.
   b. Acuerdos que impliquen la venta de alimentos a precios reducidos.
   c. Acuerdos o convenios con empresas, entidades de iniciativa social u otras organizaciones sin ánimo de lucro.
   d. Acuerdos que excluyan la donación de alimentos no vendidos.

U. A. 3. Plan de prevención de pérdidas y desperdicio alimentario

Objetivos

- Comprender los beneficios intrínsecos de la implementación de un plan de prevención de pérdidas y desperdicio alimentario en diversos contextos, desde la producción hasta el consumo final, destacando su impacto en la seguridad alimentaria, la economía y el medio ambiente.
- Familiarizarse con una amplia gama de herramientas y metodologías disponibles para la creación y ejecución de un plan de prevención de pérdidas y desperdicio alimentario, incluyendo técnicas de análisis, evaluación de riesgos y diseño de políticas.
- Explorar las etapas clave involucradas en el desarrollo e implementación de un plan de prevención de pérdidas y desperdicio alimentario, desde la identificación de áreas problemáticas hasta la evaluación de resultados y ajustes necesarios para mejorar la eficacia.
- Desarrollar habilidades analíticas y críticas para evaluar la efectividad de los planes de prevención de pérdidas y desperdicio alimentario existentes, así como para proponer mejoras y adaptaciones según las necesidades específicas de cada contexto y sector alimentario.

1. Introducción

En el complejo entramado del sistema alimentario mundial, la necesidad de abordar las pérdidas y el desperdicio alimentario emerge como una prioridad ineludible. En este contexto, la planificación y ejecución de estrategias efectivas se vuelven imprescindibles para salvaguardar tanto la seguridad alimentaria como la sostenibilidad ambiental.

Esta unidad se adentra en la estructura y desarrollo de planes específicos diseñados para enfrentar este desafío global, destacando la importancia de comprender a fondo las herramientas disponibles y las etapas necesarias para implementar un plan de prevención de pérdidas y desperdicio alimentario. Solo a través de este conocimiento profundo se puede asegurar la efectividad y el éxito a largo plazo de las acciones emprendidas en esta área crítica.

La problemática de las pérdidas y el desperdicio alimentario se inscribe dentro de un entramado complejo de factores socioeconómicos, culturales y ambientales que influyen en la cadena de suministro y consumo de alimentos a nivel global.

En primer lugar, es necesario abordar la distinción entre pérdidas y desperdicio alimentario. Las pérdidas se refieren a la reducción involuntaria de alimentos durante su producción, almacenamiento, procesamiento o transporte, y están asociadas principalmente a deficiencias en la infraestructura y prácticas agrícolas. Por otro lado, el desperdicio alimentario implica la eliminación de alimentos comestibles en etapas posteriores de la cadena de suministro o por parte del consumidor, y está relacionado con factores como el comportamiento del consumidor, los estándares estéticos y la gestión inadecuada de los excedentes.

En segundo lugar, es importante analizar las causas estructurales que contribuyen a este fenómeno, como la ineficiencia en la producción, la distribución desigual de recursos, los sistemas de comercialización imperantes y las prácticas de consumo derrochadoras. Estas cuestiones profundizan en las raíces sistémicas del problema y requieren un enfoque holístico para su abordaje.

Con "enfoque holístico" en el contexto del problema de pérdidas y desperdicio alimentario, se hace referencia a la necesidad de considerar el problema en su totalidad, teniendo en cuenta todas las partes interconectadas y los sistemas involucrados en la cadena de suministro de alimentos. Esto implica abordar no solo los síntomas visibles del problema, como la pérdida de alimentos en el almacenamiento o la distribución, sino también las causas subyacentes y las interrelaciones entre diferentes aspectos del sistema alimentario.

Un enfoque holístico implica:

- **Considerar todas las etapas de la cadena de suministro**: Desde la producción agrícola hasta el consumo final, incluyendo la producción, almacenamiento, transporte, distribución, venta y consumo de alimentos.
- **Explorar factores interconectados**: Analizar cómo factores como la infraestructura, las políticas gubernamentales, los hábitos de consumo, la cultura alimentaria y los sistemas económicos impactan en la generación de pérdidas y desperdicio alimentario.
- **Buscar soluciones integrales**: Desarrollar estrategias y políticas que aborden las múltiples causas y dimensiones del problema, en lugar de soluciones fragmentadas que solo se centran en un aspecto específico de la cadena de suministro.
- **Fomentar la colaboración**: Promover la colaboración entre diferentes actores en la cadena de suministro de alimentos, incluyendo agricultores, procesadores, distribuidores, minoristas, consumidores, gobiernos y organizaciones no gubernamentales, para abordar el problema de manera coordinada y efectiva.

La ineficiencia en la producción de alimentos es un fenómeno complejo que abarca una serie de aspectos técnicos, organizativos y económicos.

Abordar la ineficiencia en la producción de alimentos requiere un enfoque holístico que considere todas las etapas de la cadena de suministro, explore los factores interconectados, busque soluciones integrales y fomente la colaboración entre todos los actores involucrados. Solo a través de un esfuerzo coordinado y comprehensivo se podrán implementar cambios significativos que reduzcan el desperdicio y mejoren la sostenibilidad del sistema alimentario global.

Fig. 1. En el contexto agrícola, la ineficiencia en la producción puede manifestarse en prácticas agrícolas poco sostenibles que resultan en pérdidas de cultivos debido a plagas, enfermedades o condiciones climáticas desfavorables

Además, la falta de acceso a tecnologías adecuadas, capacitación y recursos financieros puede limitar la capacidad de los agricultores para optimizar sus procesos de producción. A nivel industrial, la ineficiencia puede surgir de prácticas de fabricación inadecuadas, desperdicio de materia prima y energía, y falta de inversión en tecnologías más eficientes.

La distribución desigual de recursos es una de las principales causas subyacentes de las disparidades en la disponibilidad y acceso a alimentos a nivel global. Las regiones con recursos limitados, como agua, tierra y capital, enfrentan mayores desafíos para aumentar la producción y garantizar la seguridad alimentaria de su población. Esta desigualdad también se refleja en la distribución geográfica de la producción de alimentos y en la capacidad de los países para importar alimentos para cubrir sus necesidades.

Fig. 2. Como resultado de la distribución desigual de recursos, se perpetúan ciclos de pobreza y malnutrición en las regiones más desfavorecidas del mundo

Los sistemas de comercialización imperantes también desempeñan un papel fundamental en la generación de pérdidas y desperdicio alimentario. Las cadenas de suministro largas y complejas, dominadas por intermediarios y grandes empresas, pueden resultar en una mayor propensión a las pérdidas durante el transporte y almacenamiento de alimentos. Además, los estándares de calidad exigentes establecidos por los minoristas y las restricciones de tamaño y apariencia de los productos pueden llevar a la eliminación de alimentos perfectamente comestibles, pero estéticamente imperfectos.

Fig. 3. La exigencia en los estándares puede generar presiones sobre los agricultores para producir alimentos que cumplan con estos estándares, aumentando así el riesgo de pérdidas en la etapa de producción

Por último, las prácticas de consumo derrochadoras contribuyen significativamente al desperdicio alimentario en los hogares, restaurantes y otros entornos de consumo. Factores como la sobrecompra de alimentos, la mala planificación de las comidas, la interpretación errónea de las fechas de caducidad y el rechazo de alimentos debido a cambios en las preferencias o hábitos dietéticos, son comunes en muchas sociedades.

Estas prácticas pueden ser resultado de una falta de conciencia sobre el valor de los alimentos, la disponibilidad de recursos económicos para comprar más alimentos de los necesarios y la falta de habilidades culinarias para aprovechar al máximo los ingredientes disponibles.

Fig. 4. Las prácticas de consumo derrochadoras contribuyen a un ciclo de desperdicio que tiene un impacto significativo en la seguridad alimentaria y la sostenibilidad ambiental

Además, es fundamental examinar el papel de los actores involucrados en la cadena alimentaria, desde los productores y procesadores hasta los minoristas y consumidores finales, así como las interacciones entre ellos. Esta comprensión permite identificar puntos críticos de intervención y diseñar estrategias efectivas para prevenir y reducir las pérdidas y el desperdicio alimentario en cada etapa del proceso.

2. Beneficios de la implantación de un plan de prevención de las pérdidas y el desperdicio alimentario

La implantación de un plan de prevención de las pérdidas y el desperdicio alimentario conlleva una serie de beneficios tanto a nivel económico, social y ambiental como en términos de seguridad alimentaria y sostenibilidad. En primer lugar, desde una perspectiva económica, la reducción de las pérdidas y el desperdicio alimentario puede generar ahorros significativos en los costos de producción, distribución y consumo de alimentos.

Fig. 5. Al disminuir la cantidad de alimentos perdidos o desperdiciados, se maximiza el rendimiento económico de la cadena alimentaria

Un plan de prevención de las pérdidas y el desperdicio alimentario es una estrategia diseñada para identificar, prevenir y reducir las pérdidas de alimentos a lo largo de toda la cadena de suministro, desde la producción agrícola hasta el consumo final. Este plan incluye una serie de acciones y medidas específicas destinadas a abordar las causas subyacentes de las pérdidas y el desperdicio, como la ineficiencia en la producción, la distribución desigual de recursos, los sistemas de comercialización imperantes y las prácticas de consumo derrochadoras.

Anotación

El objetivo principal de este plan es maximizar la eficiencia y la sostenibilidad de los sistemas alimentarios, minimizando la cantidad de alimentos que se pierden o desperdician y garantizando su disponibilidad para aquellos que más lo necesitan.

Además, la implementación de un plan de prevención de pérdidas y desperdicio alimentario tiene importantes implicaciones sociales. Al reducir la cantidad de alimentos que se pierden o desperdician, se aumenta la disponibilidad de alimentos para aquellos que más lo necesitan, contribuyendo así a la seguridad alimentaria y la lucha contra el hambre. Esto es especialmente relevante en un contexto global donde millones de personas aún sufren de malnutrición y falta de acceso a alimentos adecuados.

Fig. 6. La reducción del desperdicio alimentario puede tener un impacto positivo en la equidad social al evitar la pérdida de recursos que podrían destinarse a otros fines sociales, como la educación, la salud y el desarrollo comunitario

En términos ambientales, la implementación de medidas para prevenir y reducir las pérdidas y el desperdicio alimentario puede tener un impacto significativo en la mitigación del cambio climático y la conservación de los recursos naturales. La producción de alimentos requiere una gran cantidad de recursos naturales, como tierra, agua y energía, y genera emisiones de gases de efecto invernadero y otros impactos ambientales. Al reducir las pérdidas y el desperdicio alimentario, se minimiza la presión sobre los recursos naturales y se disminuye la huella ambiental asociada con la producción, procesamiento y transporte de alimentos. Además, la gestión adecuada de los residuos alimentarios puede reducir la contaminación del suelo, agua y aire, y contribuir a la conservación de los ecosistemas y la biodiversidad.

Vocabulario

La **presión sobre los recursos naturales** en el contexto de la producción alimentaria se refiere a la demanda y extracción de recursos naturales como tierra, agua, energía y biodiversidad para satisfacer las necesidades de producción, procesamiento y distribución de alimentos. Esta presión puede manifestarse en diversas formas, incluyendo la deforestación para la expansión de tierras agrícolas, el agotamiento de acuíferos para el riego de cultivos, la contaminación del suelo y del agua por el uso excesivo de fertilizantes y pesticidas, y la emisión de gases de efecto invernadero debido al uso de combustibles fósiles en maquinaria agrícola y transporte de alimentos.

La reducción de la huella ambiental asociada con la producción, procesamiento y transporte de alimentos implica la adopción de prácticas y tecnologías que minimicen el impacto negativo en el medioambiente. Esto puede lograrse de varias formas:

- **Agricultura sostenible:** La implementación de prácticas agrícolas sostenibles, como la rotación de cultivos, el manejo integrado de plagas y el uso eficiente del agua y los nutrientes, puede reducir la presión sobre los recursos naturales al tiempo que promueve la conservación del suelo y la biodiversidad.
- **Eficiencia en el uso de recursos:** La mejora de la eficiencia en el uso de recursos, como el agua y la energía, en el procesamiento y transporte de alimentos puede reducir la cantidad de recursos naturales requeridos para producir y distribuir alimentos, disminuyendo así la huella ambiental asociada con estos procesos.
- **Transporte y logística sostenibles:** La optimización de las cadenas de suministro de alimentos para reducir las distancias de transporte, utilizar medios de transporte más eficientes y minimizar las emisiones de gases de efecto invernadero puede contribuir a la reducción de la huella ambiental del transporte de alimentos.
- **Reducción del desperdicio alimentario:** La prevención y reducción del desperdicio alimentario no solo reduce la cantidad de alimentos que se pierden o desperdician, sino que también minimiza la cantidad de recursos naturales utilizados en su producción, procesamiento y transporte. Al evitar el desperdicio

de alimentos, se reduce la presión sobre los recursos naturales y se disminuye la huella ambiental asociada con la producción de alimentos no consumidos.

Fig. 7. La adopción de medidas para reducir la presión sobre los recursos naturales y disminuir la huella ambiental asociada con la producción, procesamiento y transporte de alimentos es fundamental para promover sistemas alimentarios más sostenibles y resilientes en el largo plazo

La implantación de un plan de prevención de las pérdidas y el desperdicio alimentario conlleva una amplia gama de beneficios que van más allá de los aspectos económicos, sociales y ambientales, impactando positivamente en la seguridad alimentaria, la equidad social y la sostenibilidad a largo plazo. Estos beneficios refuerzan la necesidad de adoptar un enfoque integral y colaborativo para abordar este desafío global y promover sistemas alimentarios más eficientes, equitativos y sostenibles.

3. Herramientas para crear un plan de prevención de pérdidas y desperdicio alimentario

La creación de un plan de prevención de pérdidas y desperdicio alimentario requiere el uso de herramientas y metodologías específicas que permitan identificar, evaluar y abordar las causas subyacentes de este fenómeno complejo.

A continuación, se describen algunas de las herramientas clave utilizadas en este proceso:

A. Análisis de cadena de suministro

Esta herramienta implica el mapeo detallado de la cadena de suministro de alimentos, desde la producción hasta el consumo final, identificando los puntos críticos donde se producen pérdidas y desperdicio. El análisis de la cadena de suministro permite comprender las interacciones entre los diferentes actores y procesos involucrados, así como evaluar el impacto de las decisiones y prácticas en la eficiencia y sostenibilidad del sistema alimentario.

 **Saber más**

El análisis de la cadena de suministro va más allá de simplemente identificar puntos críticos de pérdidas y desperdicio. Implica una exploración profunda de las complejidades inherentes a cada etapa del proceso, desde la producción hasta el consumo final, considerando factores como la logística, la calidad del producto, las condiciones de almacenamiento y transporte, y las prácticas comerciales.

En un nivel más profundo, este análisis busca comprender las dinámicas socioeconómicas y ambientales que influyen en la cadena de suministro de alimentos. Esto incluye examinar las relaciones de poder entre los diferentes actores involucrados, como agricultores, procesadores, distribuidores y minoristas, y cómo estas relaciones pueden afectar la distribución equitativa de los alimentos y la toma de decisiones relacionadas con la gestión de inventarios y la comercialización.

Además, el análisis de la cadena de suministro aborda cuestiones de sostenibilidad a largo plazo, como el uso de recursos naturales, la generación de residuos y la huella ambiental asociada con la producción, procesamiento y transporte de alimentos. Al comprender las interacciones entre los diferentes componentes de la cadena de suministro, se pueden identificar oportunidades para mejorar la eficiencia y reducir el impacto ambiental, mediante la adopción de prácticas más sostenibles y el fomento de la innovación tecnológica.

B. Evaluación de riesgos

La evaluación de riesgos es fundamental para identificar las amenazas y vulnerabilidades que pueden conducir a pérdidas y desperdicio alimentario en cada etapa de la cadena de suministro. Esta herramienta permite priorizar las áreas de intervención y asignar recursos de manera eficiente para mitigar los riesgos identificados.

Fig. 8. La evaluación de riesgos puede ayudar a anticipar y prevenir posibles eventos adversos, como desastres naturales, fluctuaciones de precios y cambios en la demanda del mercado

 **Saber más**

La evaluación de riesgos también considera factores más sutiles y complejos, como cambios en las condiciones climáticas, fluctuaciones en los precios de los alimentos, y cambios en las regulaciones y políticas gubernamentales que pueden afectar la disponibilidad y accesibilidad de los alimentos.

Para llevar a cabo una evaluación de riesgos efectiva, se siguen varios pasos clave:

1. **Identificación de riesgos**: Se identifican todas las posibles amenazas y vulnerabilidades que podrían afectar la seguridad y calidad de los alimentos, así como la eficiencia y sostenibilidad del sistema alimentario.
2. **Análisis de riesgos**: Se realiza un análisis detallado de cada riesgo identificado, evaluando su probabilidad de ocurrencia y el impacto potencial en el sistema alimentario.

3. **Evaluación de riesgos**: Se asigna una valoración de riesgo a cada amenaza o vulnerabilidad identificada, considerando tanto su probabilidad de ocurrencia como su impacto potencial.

4. **Priorización de riesgos**: Se priorizan los riesgos identificados en función de su valoración, centrándose en aquellos que representan las mayores amenazas para la seguridad y sostenibilidad del sistema alimentario.

5. **Desarrollo de estrategias de gestión de riesgos**: Se desarrollan estrategias y medidas para mitigar, controlar o eliminar los riesgos identificados, con el objetivo de reducir la probabilidad de ocurrencia y el impacto potencial de los mismos.

C. Análisis de causas raíz

El análisis de causas raíz es una metodología utilizada para identificar las causas fundamentales de las pérdidas y el desperdicio alimentario, en lugar de simplemente abordar los síntomas superficiales del problema. Esta herramienta involucra la investigación exhaustiva de los factores subyacentes, como procesos ineficientes, prácticas operativas deficientes y barreras estructurales, para identificar las intervenciones más efectivas y duraderas.

Algunos ejemplos de estos factores subyacentes podrían ser:

- **Procesos ineficientes de producción agrícola**: Esto puede implicar el uso excesivo de pesticidas y fertilizantes, prácticas agrícolas poco sostenibles que agotan los recursos naturales y métodos de cosecha inadecuados que resultan en daños a los cultivos.

- **Prácticas operativas deficientes en la industria alimentaria**: Esto podría manifestarse en una gestión inadecuada del inventario, almacenamiento inapropiado de alimentos perecederos, falta de capacitación del personal en manipulación segura de alimentos, o procedimientos inadecuados de seguimiento y control de la calidad.

- **Barreras estructurales en la distribución y comercialización de alimentos**: Esto podría incluir la falta de infraestructura adecuada para el transporte y almacenamiento de alimentos, la limitada accesibilidad a los mercados para los productores agrícolas locales, o políticas y regulaciones que dificultan la donación de alimentos excedentes.

- **Cambios en las condiciones climáticas y desastres naturales**: Estos eventos pueden afectar la producción agrícola y la disponibilidad de alimentos, causando pérdidas durante la cosecha, el transporte o el almacenamiento.

- **Fluctuaciones en los precios de los alimentos**: Los cambios repentinos en los precios de los alimentos pueden influir en las decisiones de los productores, distribuidores y minoristas, lo que a su vez puede afectar la cantidad de alimentos que se produce, se compra o se desperdicia.

D. Tecnologías de monitoreo y seguimiento

El uso de tecnologías avanzadas, como sensores, sistemas de gestión de inventario y plataformas de seguimiento y trazabilidad, puede facilitar la recopilación de datos en tiempo real sobre la producción, distribución y consumo de alimentos. Estas tecnologías permiten una supervisión continua de los flujos de alimentos a lo largo de la cadena de suministro, identificando oportunidades de mejora y detectando desviaciones que puedan dar lugar a pérdidas y desperdicio.

En los últimos años, ha habido avances significativos en el desarrollo y la aplicación de tecnologías de monitoreo y seguimiento en el ámbito de la cadena de suministro de alimentos. Estas tecnologías están evolucionando para ser más sofisticadas, accesibles y efectivas en la recopilación y análisis de datos en tiempo real.

Algunas de las novedades más destacadas incluyen:

- **Internet de las cosas (IoT)**: La integración de sensores inteligentes en equipos de producción, almacenamiento y transporte de alimentos permite monitorear variables como la temperatura, humedad, niveles de oxígeno y condiciones de almacenamiento en tiempo real. Estos datos pueden ser transmitidos a través de redes inalámbricas y analizados mediante algoritmos de inteligencia artificial para detectar desviaciones y tomar acciones correctivas de manera proactiva.

- **Blockchain**: La tecnología blockchain está siendo cada vez más utilizada para garantizar la trazabilidad y transparencia en la cadena de suministro de alimentos. Permite crear registros inmutables y transparentes de todas las transacciones y movimientos de productos alimenticios, desde su origen hasta su destino final. Esto facilita la identificación rápida de posibles problemas en caso de contaminación o desperdicio, así como la verificación de prácticas de producción sostenible y ética.
- **Inteligencia artificial (IA)**: Los sistemas de IA están siendo empleados para analizar grandes volúmenes de datos generados por las tecnologías de monitoreo y seguimiento, identificando patrones, tendencias y anomalías que podrían indicar riesgos de pérdidas o desperdicio alimentario. Además, la IA puede ayudar a optimizar la planificación de la producción, distribución y venta de alimentos, maximizando la eficiencia y minimizando los costos operativos.
- **Aplicaciones móviles y plataformas digitales**: Se están desarrollando aplicaciones móviles y plataformas en línea que permiten a los actores de la cadena de suministro de alimentos acceder y compartir información en tiempo real. Esto facilita la comunicación y colaboración entre productores, distribuidores, minoristas y consumidores, mejorando la visibilidad y coordinación en toda la cadena de suministro.

E. Capacitación y sensibilización

La capacitación y sensibilización de los actores clave en la cadena de suministro, incluyendo agricultores, procesadores, minoristas y consumidores, son herramientas esenciales para promover una cultura de prevención y reducción del desperdicio alimentario. Estas actividades pueden incluir programas de formación en buenas prácticas agrícolas, gestión de inventario, planificación de comidas y conservación de alimentos, así como campañas de sensibilización sobre la importancia de reducir el desperdicio y valorar los recursos alimentarios.

Es importante destacar la creciente atención que se está prestando a la educación sobre la valoración de los alimentos y la reducción del desperdicio en los consumidores finales.

Fig. 9. Las campañas de sensibilización pueden centrarse en la importancia de planificar las compras de alimentos o utilizar técnicas de almacenamiento adecuadas para prolongar la vida útil de los productos

Además, se están desarrollando aplicaciones móviles y herramientas digitales que brindan información y recursos prácticos a los consumidores para ayudarles a reducir el desperdicio alimentario en sus hogares. Estas aplicaciones pueden ofrecer recetas personalizadas en función de los ingredientes disponibles, recordatorios de fechas de vencimiento y consejos sobre cómo almacenar y conservar adecuadamente los alimentos.

En conjunto, estas herramientas proporcionan un enfoque integral y basado en datos para la creación de planes de prevención de pérdidas y desperdicio alimentario, permitiendo a los actores de la cadena de suministro identificar y abordar eficazmente las causas subyacentes de este problema y promover sistemas alimentarios más eficientes, equitativos y sostenibles.

4. Etapas de la elaboración e implementación de un plan para la prevención de las pérdidas y el desperdicio alimentario

La elaboración e implementación de un plan para la prevención de pérdidas y desperdicio alimentario involucra una serie de etapas clave que van desde la identificación de problemas hasta la evaluación de resultados.

A continuación, se detallan estas etapas:

A. Diagnóstico y análisis de situación

Esta etapa implica realizar un diagnóstico exhaustivo de la situación actual en la cadena de suministro de alimentos, identificando los puntos críticos donde se producen pérdidas y desperdicio. Se recopilan datos sobre la cantidad y tipo de alimentos perdidos o desperdiciados, así como las causas subyacentes de este fenómeno.

Fig. 10. En la etapa de diagnóstico se evalúan las prácticas existentes y se identifican las áreas de mejora potencial

A continuación, se expone un ejemplo práctico del primer paso de la elaboración del plan.

En un supermercado local, se lleva a cabo un diagnóstico exhaustivo para comprender la magnitud del problema de pérdidas y desperdicio alimentario.

Se recopilan datos sobre la cantidad y tipo de alimentos que se pierden o se desperdician en el supermercado durante un período específico, incluyendo productos frescos, enlatados, congelados y productos horneados.

Se identifican los puntos críticos donde se producen las pérdidas y desperdicio, como el área de frutas y verduras, donde los productos perecederos tienen una vida útil corta, y la sección de panadería, donde los productos horneados pueden volverse no vendibles al final del día.

Se investigan las causas subyacentes del problema, como la falta de rotación de inventario, la gestión inadecuada de las fechas de vencimiento, y la sobreproducción debido a una mala predicción de la demanda.

Se evalúan las prácticas actuales en el manejo y exhibición de alimentos, así como los procedimientos de almacenamiento y gestión de inventarios, para identificar áreas donde se pueden realizar mejoras.

Se identifican áreas donde se pueden implementar medidas correctivas y mejoras, como la implementación de un sistema de rotación de inventario más efectivo, la capacitación del personal en la gestión de fechas de vencimiento y la optimización de los pedidos de productos perecederos según la demanda real.

Al realizar este diagnóstico y análisis de situación, se obtiene una comprensión clara de las causas y los puntos críticos de pérdidas y desperdicio alimentario en el supermercado, lo que servirá como base para el desarrollo de estrategias específicas en el plan de prevención y reducción.

B. Establecimiento de objetivos y metas

Una vez que se ha realizado el diagnóstico, se establecen objetivos y metas claras para la prevención de pérdidas y desperdicio alimentario. Estos objetivos deben ser específicos, medibles, alcanzables, relevantes y con un tiempo definido (SMART, por sus siglas en inglés). Por ejemplo, se pueden establecer metas para reducir la cantidad de alimentos perdidos en un determinado porcentaje en un período de tiempo específico.

A continuación, se expone un ejemplo concreto del establecimiento de objetivos y metas para un contexto de prevención y reducción de pérdidas y desperdicio alimentario:

Después de realizar un análisis exhaustivo de la cadena de suministro de alimentos, se identificaron varios puntos críticos donde se producen pérdidas y desperdicio, incluyendo el almacenamiento inadecuado de productos perecederos en un supermercado local, la falta de coordinación en la gestión de inventarios en una cadena de restaurantes, y la falta de conciencia sobre el desperdicio alimentario entre los consumidores en una comunidad específica.

Los objetivos y metas SMART que se proponen son:

- **Objetivo específico**: Reducir las pérdidas de productos perecederos en el supermercado local en un 20% para fines del próximo año.
- **Objetivo medible**: Establecer un sistema de monitoreo de inventario para registrar y analizar las pérdidas de productos perecederos cada mes.
- **Objetivo alcanzable**: Implementar medidas de capacitación para el personal del supermercado sobre técnicas adecuadas de almacenamiento y manejo de alimentos.
- **Objetivo relevante**: Mejorar la eficiencia operativa del supermercado y reducir los costos asociados con las pérdidas de productos perecederos.
- **Objetivo con tiempo definido**: Lograr una reducción del 20% en las pérdidas de productos perecederos para el 31 de diciembre del próximo año.

Estableciendo objetivos y metas SMART de esta manera, se proporciona una guía clara y concreta para las acciones y medidas que se deben tomar para abordar específicamente las áreas identificadas de pérdidas y desperdicio alimentario en la cadena de suministro. Esto ayuda a garantizar que los esfuerzos de prevención sean efectivos, medibles y orientados hacia resultados tangibles y alcanzables.

C. Diseño de estrategias y acciones

Con base en los resultados del diagnóstico y los objetivos establecidos, se diseñan estrategias y acciones específicas para abordar las causas identificadas de pérdidas y desperdicio alimentario.

Fig. 11. Las estrategias pueden incluir la implementación de buenas prácticas agrícolas, mejoras en la gestión de inventarios, educación y sensibilización de los trabajadores y consumidores, entre otras medidas

A continuación, se expone un ejemplo de un diseño de estrategias y acciones específicas para abordar las causas identificadas de pérdidas y desperdicio alimentario.

En primer lugar, se realizó un análisis detallado de la cadena de suministro de alimentos, identificando diversas causas de pérdidas y desperdicio alimentario. Se encontraron prácticas ineficientes en la gestión de inventarios en una cadena de supermercados, una falta de capacitación sobre la manipulación adecuada de alimentos en un restaurante local y hábitos de consumo derrochadores entre los consumidores de una comunidad específica.

Para enfrentar las prácticas ineficientes en la gestión de inventarios, se propone implementar sistemas de gestión de inventarios automatizados. Estos sistemas permitirán monitorear el nivel de existencias de productos perecederos en tiempo real, lo que ayudará a evitar la sobreproducción y el exceso de stock.

Se procederá con la adquisición e instalación de un software de gestión de inventarios. Este software deberá ser capaz de proporcionar datos en tiempo real sobre los niveles de inventario y alertar cuando los productos se acerquen a su fecha de caducidad. Además, se organizarán sesiones de capacitación para el personal del supermercado, enfocándose en el uso efectivo del software y en la implementación de buenas prácticas de inventario. El gerente de operaciones será responsable de supervisar la instalación del software y de coordinar la capacitación del personal.

Para abordar la falta de capacitación en el restaurante local, se desarrollará un programa de capacitación integral para el personal. Este programa se centrará en las prácticas seguras de manipulación y almacenamiento de alimentos, así como en la importancia de reducir el desperdicio alimentario.

Se diseñarán e implementarán sesiones de capacitación periódicas para el personal del restaurante. Estas sesiones incluirán tanto formación teórica como práctica, utilizando material educativo sobre buenas prácticas de manipulación de alimentos. Además, se crearán manuales y videos instructivos que estarán disponibles para el personal en todo momento. El chef ejecutivo y el gerente del restaurante serán responsables de organizar y dirigir estas sesiones de capacitación, asegurando que todo el personal esté debidamente instruido.

Para cambiar los hábitos de consumo derrochadores entre los consumidores de la comunidad, se lanzará una campaña de sensibilización. Esta campaña buscará promover hábitos de consumo más conscientes y reducir el desperdicio de alimentos en los hogares.

Se crearán materiales educativos, como folletos y videos informativos, que proporcionarán consejos prácticos sobre la planificación de comidas, la conservación adecuada de alimentos y la reutilización de sobras. Además, se organizarán eventos comunitarios, como talleres y charlas, para compartir estas prácticas con los consumidores locales. Los eventos estarán diseñados para ser interactivos y participativos, incentivando a los asistentes a adoptar hábitos más sostenibles. Un coordinador de la comunidad será el encargado de gestionar la campaña, asegurándose de que los materiales sean distribuidos efectivamente y de que los eventos sean bien publicitados y concurridos.

Estas estrategias y acciones específicas están diseñadas para abordar las causas identificadas de pérdidas y desperdicio alimentario en cada etapa de la cadena de suministro, desde la producción hasta el consumo final. Al implementar estas medidas, se espera mejorar la eficiencia y sostenibilidad del sistema alimentario, reduciendo así las pérdidas y el desperdicio de alimentos de manera significativa. La combinación de tecnologías avanzadas, capacitación adecuada y sensibilización comunitaria formará una base sólida para un cambio duradero en la gestión de alimentos.

D. Desarrollo de un plan de acción

Se elabora un plan detallado que incluye todas las acciones específicas que se llevarán a cabo para prevenir y reducir las pérdidas y desperdicio alimentario. Este plan debe incluir asignación de responsabilidades, cronogramas de ejecución, recursos necesarios y mecanismos de monitoreo y evaluación para asegurar su implementación efectiva.

A continuación, se expone un ejemplo práctico del desarrollo de un plan de acción.

Primero, se realizó un diagnóstico detallado para identificar las causas de las pérdidas y el desperdicio alimentario en el supermercado. Se encontraron prácticas de almacenamiento ineficientes, como el uso de refrigeradores con temperaturas inadecuadas y una rotación deficiente de productos. Estos problemas resultaban en la caducidad de muchos productos antes de que pudieran ser vendidos, lo que generaba pérdidas significativas.

Con base en este diagnóstico, se establecieron objetivos SMART (específicos, medibles, alcanzables, relevantes y temporales). El objetivo específico fue implementar un sistema de control de inventario para mejorar la gestión de los productos. Este objetivo sería medible mediante un seguimiento mensual de las pérdidas de alimentos, comparando los datos actuales con los nuevos. Para asegurar que fuera alcanzable, se decidió asignar recursos para la capacitación del personal y la adquisición de equipos de control de inventario. Este objetivo también fue relevante, ya que mejorar la eficiencia operativa reduciría los costos asociados con el desperdicio alimentario, y temporal, con una meta de lograr una reducción del 10% en tres meses y alcanzar el 30% en seis meses.

El diseño de las estrategias y acciones comenzó con la implementación de un sistema de control de inventario automatizado que incluía sensores de temperatura y alertas de productos próximos a caducar. El gerente de operaciones fue designado como responsable de esta acción. Los recursos necesarios incluyeron la adquisición de un software de gestión de inventario, sensores de temperatura para los refrigeradores y la capacitación del personal para utilizar estas nuevas herramientas de manera efectiva.

Para el desarrollo del plan de acción, se elaboró un documento detallado que incluyó todas las acciones específicas a implementar. Esto abarcó la instalación del software de gestión de inventario y sensores de temperatura, la formación del personal en el uso de estas nuevas tecnologías y la creación de procedimientos para la rotación de productos. La asignación clara de responsabilidades fue fundamental, con el gerente de operaciones supervisando la implementación y el equipo de almacenamiento asegurándose de que se siguieran los nuevos procedimientos. Se establecieron cronogramas de ejecución precisos para cada fase del plan, comenzando con la instalación de los equipos en el primer mes y la capacitación del personal en el segundo mes. Los recursos necesarios fueron detallados, incluyendo el presupuesto para la adquisición de software y sensores, así como los costos de formación del personal.

Además, se definieron mecanismos de monitoreo y evaluación para asegurar una implementación efectiva. Esto incluyó indicadores de desempeño clave (KPIs) como la reducción mensual en las pérdidas de alimentos, la eficiencia de rotación de productos y la temperatura constante en los refrigeradores. Estos KPIs serían monitoreados regularmente, y los resultados serían evaluados mensualmente para realizar ajustes necesarios en el plan de acción.

Al seguir este plan de acción estructurado y detallado, se espera lograr una reducción significativa en las pérdidas y desperdicio alimentario en el supermercado.

E. Implementación del plan

Una vez que se ha desarrollado el plan de acción, se procede a su implementación según el cronograma establecido.

Fig. 12. La implementación del plan puede requerir la adquisición de equipos o tecnologías necesarias, la revisión de políticas y procedimientos internos, y la colaboración con otros actores de la cadena de suministro

A continuación, se expone un ejemplo práctico de la implementación del plan de acción en un restaurante para reducir pérdidas y desperdicio alimentario.

Para comenzar, se identificó que uno de los principales problemas era la falta de capacitación del personal en prácticas adecuadas de manipulación y almacenamiento de alimentos. Para abordar esto, se organizó un programa integral de capacitación. El gerente general del restaurante coordinó las sesiones de formación, que se llevaron a cabo en varias etapas para asegurar que todo el personal, desde cocineros hasta camareros, comprendiera la importancia de las buenas prácticas alimentarias. Las sesiones incluyeron tanto formación teórica como práctica, utilizando materiales educativos diseñados específicamente para el sector de la restauración. Durante estas capacitaciones, los empleados aprendieron sobre técnicas de porcionamiento adecuado, métodos de conservación de alimentos y procedimientos para minimizar el desperdicio durante la preparación y el servicio de comidas.

Simultáneamente, se revisaron y actualizaron las políticas y procedimientos internos del restaurante. Se identificaron áreas clave donde se podían mejorar las prácticas para reducir el desperdicio alimentario. Con la participación activa del equipo de gestión y el asesoramiento de un experto legal cuando fue necesario, se redactaron nuevas políticas que incluían pautas detalladas sobre el porcionamiento adecuado de los alimentos y estrategias específicas para la reducción del desperdicio. Estas políticas se comunicaron claramente a todo el personal y se implementaron de inmediato. El gerente general o el propietario del restaurante se encargaron de supervisar esta actualización, asegurando que se aplicaran correctamente en todas las operaciones diarias.

En un esfuerzo por involucrar a otros actores clave en la reducción del desperdicio, se estableció una colaboración estrecha con los proveedores de alimentos del restaurante. Se organizaron reuniones periódicas con estos proveedores para discutir estrategias conjuntas de reducción de pérdidas. Durante estas reuniones, se compartieron mejores prácticas y se exploraron métodos para optimizar la cadena de suministro, desde el pedido hasta la entrega. Esto incluyó ajustar los pedidos de productos frescos para evitar excedentes y negociar con los proveedores para recibir entregas más frecuentes, pero en cantidades más pequeñas, asegurando así la frescura de los ingredientes. El director de operaciones o el encargado de logística del restaurante gestionó estas colaboraciones, promoviendo una comunicación efectiva y un compromiso mutuo hacia la sostenibilidad.

Además, se lanzó una campaña de sensibilización dirigida a los clientes del restaurante para promover hábitos de consumo más conscientes. Se crearon materiales educativos, como folletos y videos informativos, que se distribuyeron en el restaurante y a través de sus canales de comunicación en línea. Estos materiales proporcionaban consejos prácticos sobre la planificación de comidas y la conservación adecuada de los alimentos en el hogar. También se organizaron eventos comunitarios, como talleres de cocina y charlas sobre sostenibilidad, para involucrar activamente a la comunidad en los esfuerzos de reducción del desperdicio. Estas actividades no solo educaron a los clientes, sino que también fortalecieron la imagen del restaurante como un establecimiento comprometido con la sostenibilidad.

La implementación de estas acciones de manera coordinada y siguiendo el cronograma establecido en el plan de acción resultó en una mejora significativa en la eficiencia operativa del restaurante y una notable reducción en las pérdidas y desperdicio alimentario. La clave del éxito fue el compromiso firme de todos los actores involucrados y una supervisión constante para garantizar que se alcanzaran los objetivos establecidos.

F. Monitoreo y evaluación

Durante la implementación del plan, se lleva a cabo un monitoreo continuo para evaluar el progreso hacia el logro de los objetivos y metas establecidos. Se recopilan datos sobre la cantidad de alimentos perdidos o desperdiciados, así como indicadores de desempeño relacionados con la eficacia de las acciones implementadas.

Fig. 13. Con base en la recopilación de información se realizan ajustes y mejoras según sea necesario para garantizar el éxito del plan a largo plazo

A continuación, se expone un ejemplo práctico de cómo se llevaría a cabo el monitoreo y evaluación.

Durante la implementación del plan de acción para reducir pérdidas y desperdicio alimentario en un restaurante, se lleva a cabo un monitoreo continuo para evaluar el progreso hacia el logro de los objetivos y metas establecidos. Este proceso implica la recopilación de datos sobre la cantidad de alimentos perdidos o desperdiciados, así como el seguimiento de indicadores de desempeño relacionados con la eficacia de las acciones implementadas.

Para empezar, se establece un sistema de recopilación de datos en el restaurante. Este sistema tiene como objetivo registrar de manera precisa y constante la cantidad de alimentos que se pierden o se desperdician en cada etapa de las operaciones diarias. Se utiliza software especializado para el seguimiento de inventarios y formularios de recolección de datos, donde el personal asignado registra información detallada sobre las pérdidas y el desperdicio de alimentos. El equipo de gestión del proyecto es responsable de coordinar este esfuerzo, asegurándose de que todos los datos se recopilen de manera sistemática y se almacenen correctamente para su análisis posterior.

El monitoreo continuo es un componente clave de este proceso. Se llevan a cabo revisiones regulares de los datos recopilados para evaluar el progreso en relación con los objetivos y metas establecidos en el plan de acción. El gerente de proyecto o un equipo de monitoreo designado realiza estas revisiones, utilizando herramientas de análisis de datos para identificar cualquier desviación de las expectativas y determinar si las acciones implementadas están teniendo el impacto deseado. Este monitoreo constante permite una respuesta rápida a cualquier problema que surja, asegurando que se mantenga el enfoque en la reducción del desperdicio alimentario.

El análisis de los resultados obtenidos a partir de la recopilación de datos es esencial para identificar tendencias, patrones y áreas de mejora. Los analistas de datos, junto con el equipo de gestión del proyecto, examinan detenidamente la información para entender cómo y dónde se producen las pérdidas y el desperdicio. Este análisis detallado permite identificar las causas subyacentes y desarrollar estrategias más efectivas para abordar estos problemas. Se utilizan software de análisis de datos y habilidades analíticas avanzadas para interpretar los resultados y formular recomendaciones.

Basándose en el análisis de los resultados, se realizan ajustes y mejoras en el plan de acción según sea necesario. Esto puede implicar cambios en los procedimientos operativos, la implementación de nuevas tecnologías o la modificación de las prácticas de manejo de alimentos. El equipo de gestión del proyecto, junto con los líderes de equipo específicos, trabaja en conjunto para asegurar que estos ajustes se realicen de manera eficiente y efectiva. Se asigna tiempo y presupuesto para implementar los cambios necesarios, garantizando que el plan de acción se mantenga relevante y eficaz.

Finalmente, se comunican los resultados del monitoreo y la evaluación a todos los interesados, incluyendo al personal del restaurante, los proveedores y otros socios relevantes. Se preparan materiales de presentación y se organizan reuniones de retroalimentación para compartir las lecciones aprendidas y las recomendaciones para futuras acciones. Esta comunicación abierta y transparente ayuda a construir un entendimiento común de los desafíos y éxitos del proyecto, promoviendo una cultura de mejora continua.

Mediante este enfoque sistemático de monitoreo y evaluación, el restaurante puede garantizar que su plan de prevención y reducción de pérdidas y desperdicio alimentario se ajuste y mejore continuamente.

La elaboración e implementación de un plan para la prevención de pérdidas y desperdicio alimentario involucra un enfoque sistemático y progresivo que abarca desde el análisis de la situación hasta la evaluación de resultados. Mediante la aplicación de estas etapas, se pueden identificar y abordar eficazmente las causas subyacentes de este problema y promover sistemas alimentarios más eficientes, equitativos y sostenibles.

La implementación de planes para reducir el desperdicio alimentario en los supermercados es una parte esencial del compromiso con la sostenibilidad y la responsabilidad social. Mediante la optimización de inventarios, la reducción de precios en productos próximos a su fecha de caducidad, y la donación de excedentes a entidades sociales, los supermercados están tomando medidas importantes para minimizar el desperdicio. Además, colaboran con aplicaciones y tecnologías que facilitan la venta de productos que de otro modo se desperdiciarían, fomentando el consumo responsable y reduciendo los residuos.

Ejemplo

A continuación, se exponen una serie de ejemplos reales de la implementación de un plan de prevención del desperdicio alimentario por parte de algunas empresas, en este caso supermercados, en los últimos años:

- Mercadona ha implementado un plan integral para prevenir el desperdicio alimentario, el cual incluye diversas estrategias. Una de las medidas más destacadas es la optimización de pedidos a proveedores y almacenes, ajustándolos diariamente según las previsiones de venta para evitar el exceso de inventario. Además, la empresa no realiza ofertas ni promociones para fomentar un consumo responsable. Los productos con fechas de caducidad próximas tienen precios reducidos para facilitar su venta. Los excedentes aptos para el consumo se donan a más de 650 entidades sociales en España y Portugal. Aquellos productos no aptos para la venta ni para donación son entregados a gestores autorizados para ser transformados en comida para animales, abono o energía.
- Carrefour ha adoptado un plan integral para la reducción del desperdicio alimentario como parte de su compromiso con la sostenibilidad. Entre las acciones destacadas, la empresa dona anualmente 9.5 millones de kilos de excedentes alimentarios a bancos de alimentos. Además, en sus tiendas, Carrefour ha instalado neveras anti-despilfarro donde los clientes pueden encontrar alimentos cercanos a su fecha de caducidad con un descuento del 50%. También colabora con la aplicación Too Good to Go para vender productos que de otro modo se desperdiciarían, promoviendo el consumo responsable y la reducción de residuos.
- Lidl ha implementado diversas medidas para reducir el desperdicio alimentario como parte de su compromiso con la sostenibilidad. La empresa optimiza los pedidos a través de un sistema automatizado para evitar exceso de inventario y reduce los precios de productos cercanos a su fecha de caducidad. También ofrece bolsas de frutas y verduras a precios reducidos, y dona productos a bancos de alimentos y ONGs. Desde 2014, Lidl destina productos no aptos para consumo humano a la producción de pienso animal, evitando el desperdicio de miles de toneladas de alimentos anualmente.
- Eroski ha adoptado un enfoque integral para alcanzar el desperdicio cero, implementando múltiples medidas para minimizar el desperdicio alimentario. La empresa reduce precios de productos frescos cercanos a su fecha de caducidad, promueve el consumo de frutas y hortalizas estéticamente imperfectas a precios reducidos, y dona alimentos a entidades sociales, logrando así apoyar a quienes lo necesitan y disminuir el despilfarro. Eroski también se esfuerza por reducir el uso de plásticos y papel, e impulsa el reciclaje mediante la instalación de contenedores específicos en sus tiendas.

Estas acciones reflejan un esfuerzo significativo para integrar la sostenibilidad en las operaciones diarias de los supermercados, promoviendo prácticas que beneficien tanto a la sociedad como al medio ambiente. No obstante, a pesar de estos esfuerzos, los datos actuales indican que estamos todavía muy lejos de alcanzar resultados óptimos en la reducción del desperdicio alimentario.

En España, el desperdicio alimentario sigue siendo un problema considerable. En 2022, se desperdiciaron aproximadamente 1.201 millones de kilos de alimentos, tanto en hogares como en establecimientos comerciales y de hostelería. Aunque hubo una ligera disminución en comparación con años anteriores, estos datos revelan que aún queda mucho por hacer para abordar de manera efectiva este problema. La nueva ley de prevención del desperdicio alimentario es un paso importante hacia la reducción de estos números.

A nivel global, más del 30% de los alimentos producidos para consumo humano se pierden o desperdician cada año, lo cual representa una enorme pérdida de recursos y un impacto significativo en el medio ambiente, contribuyendo al cambio climático a través de la emisión de gases de efecto invernadero. Estas cifras subrayan la necesidad de continuar y ampliar los esfuerzos para reducir el desperdicio alimentario, involucrando a todos los actores de la cadena alimentaria, desde productores y minoristas hasta consumidores finales.

Resumen

En esta unidad se abordan aspectos fundamentales para comprender y abordar el desafío global de la prevención y reducción de pérdidas y desperdicio alimentario. Comenzando por la comprensión del problema, se destacan las diferencias entre pérdidas y desperdicio alimentario, subrayando las causas estructurales como la ineficiencia en la producción, la distribución desigual de recursos, los sistemas de comercialización imperantes y las prácticas de consumo derrochadoras.

Se exploran los beneficios de la implementación de un plan de prevención, que van desde la reducción de costos económicos hasta el aumento de la disponibilidad de alimentos para aquellos que más lo necesitan. Además, se profundiza en las herramientas utilizadas para crear un plan efectivo, como el análisis de cadena de suministro, la evaluación de riesgos y el análisis de causas raíz.

Por último, se detallan las etapas clave en la elaboración e implementación de un plan, desde el diagnóstico y análisis de situación hasta el monitoreo y evaluación de resultados. Este enfoque sistemático y progresivo permite identificar y abordar eficazmente las causas subyacentes de las pérdidas y el desperdicio alimentario, promoviendo sistemas alimentarios más eficientes, equitativos y sostenibles.

Glosario

Análisis de cadena de suministro

Mapeo detallado de la cadena de suministro de alimentos para identificar puntos críticos de pérdidas y desperdicio.

Análisis de causas raíz

Método utilizado para identificar las causas fundamentales de las pérdidas y el desperdicio alimentario.

Beneficios económicos

Ahorros en costos de producción, distribución y consumo de alimentos debido a la reducción de pérdidas y desperdicio.

Beneficios sociales

Aumento de la disponibilidad de alimentos, promoción de la seguridad alimentaria y equidad social como resultado de la prevención de pérdidas y desperdicio alimentario.

Capacitación y sensibilización

Programas diseñados para educar a los actores clave sobre prácticas y medidas para prevenir y reducir el desperdicio alimentario.

Desarrollo de un plan de acción

Elaboración de un plan detallado que incluye acciones específicas, responsabilidades y cronogramas de ejecución.

Diagnóstico y análisis de situación

Evaluación exhaustiva de la situación actual en la cadena de suministro para identificar causas y áreas de mejora.

Distribución desigual de recursos

Disparidades en la disponibilidad y acceso a recursos como agua, tierra y capital, que pueden limitar la capacidad de producción de alimentos en algunas regiones.

Diseño de estrategias y acciones

Desarrollo de planes y medidas concretas para abordar las causas identificadas de pérdidas y desperdicio.

Desperdicio alimentario

Eliminación de alimentos comestibles en etapas posteriores de la cadena de suministro o por parte del consumidor.

Establecimiento de objetivos y metas

Definición de metas específicas y alcanzables para la prevención de pérdidas y desperdicio alimentario.

Evaluación de riesgos

Identificación y evaluación de amenazas y vulnerabilidades que pueden conducir a pérdidas y desperdicio alimentario.

Implementación del plan

Ejecución de las acciones delineadas en el plan de acción para prevenir y reducir el desperdicio alimentario.

Ineficiencia en la producción

Falta de optimización en los procesos de producción agrícola o industrial, que resulta en pérdidas de alimentos.

Monitoreo y evaluación

Seguimiento continuo del progreso hacia los objetivos establecidos y evaluación de los resultados obtenidos.

Pérdidas alimentarias

Reducción involuntaria de alimentos durante su producción, almacenamiento, procesamiento o transporte.

Plan de prevención de pérdidas y desperdicio alimentario

Estrategia diseñada para identificar, prevenir y reducir las pérdidas y el desperdicio de alimentos en la cadena de suministro.

Prácticas de consumo derrochadoras

Comportamientos de los consumidores que llevan a la sobrecompra, mala planificación de comidas y rechazo de alimentos comestibles.

Sistemas de comercialización imperantes

Estructuras dominadas por intermediarios y grandes empresas que pueden contribuir a pérdidas y desperdicio alimentario.

Tecnologías de monitoreo y seguimiento

Herramientas avanzadas, como sensores y sistemas de gestión de inventario, para supervisar los flujos de alimentos y detectar desviaciones.

Ejercicios de autoevaluación

1. **¿Cuál es uno de los objetivos principales del proyecto de ley de prevención de pérdidas y desperdicio alimentario?**

   a. Incrementar las pérdidas alimentarias.

   b. Reducir la cantidad de alimentos aptos para el consumo que son descartados.

   c. Fomentar prácticas de consumo derrochadoras.

   d. Apoyar la sobreproducción de alimentos.

2. **¿Qué implica la distribución desigual de recursos en el contexto de las pérdidas y desperdicio alimentario?**

   a. Una mayor disponibilidad de recursos para todas las regiones.

   b. Un acceso equitativo a recursos como agua y tierra.

   c. Limitaciones en la capacidad de algunas regiones para aumentar la producción de alimentos.

   d. Un impacto nulo en la seguridad alimentaria.

3. **¿Cuál es una herramienta utilizada para crear un plan de prevención de pérdidas y desperdicio alimentario?**

   a. Análisis de situación política.

   b. Evaluación de riesgos sociales.

   c. Monitoreo y evaluación económica.

   d. Análisis de cadena de suministro.

4. **¿Qué implica la etapa de diagnóstico y análisis de situación en la elaboración de un plan de prevención de pérdidas y desperdicio alimentario?**

   a. Identificar las causas raíz del problema.

   b. Establecer objetivos y metas específicas.

   c. Desarrollar estrategias y acciones.

   d. Implementar el plan de acción.

5. **¿Cuál es uno de los beneficios sociales de la implantación de un plan de prevención de pérdidas y desperdicio alimentario?**

   a. Aumentar la disponibilidad de alimentos para aquellos que más lo necesitan.

   b. Aumentar la sobreproducción de alimentos.

   c. Disminuir la seguridad alimentaria.

   d. Incrementar la equidad social.

6. **¿Qué herramienta se utiliza para identificar las causas fundamentales de las pérdidas y el desperdicio alimentario?**

   a. Evaluación de riesgos.
   b. Análisis de cadena de suministro.
   c. Tecnologías de monitoreo y seguimiento.
   d. Análisis de causas raíz.

7. **¿Qué implica la etapa de desarrollo de un plan de acción en la elaboración de un plan de prevención de pérdidas y desperdicio alimentario?**

   a. Identificar los puntos críticos en la cadena de suministro.
   b. Establecer objetivos y metas claras.
   c. Diseñar estrategias y acciones específicas.
   d. Elaborar un plan detallado de implementación.

8. **¿Cuál es uno de los beneficios económicos de la implantación de un plan de prevención de pérdidas y desperdicio alimentario?**

   a. Aumento de los costos de producción y distribución de alimentos.
   b. Reducción de los costos asociados con la sobreproducción y el almacenamiento excesivo.
   c. Pérdida de recursos financieros.
   d. Incremento de los precios de los alimentos.

9. **¿Qué implica la etapa de implementación del plan en la elaboración de un plan de prevención de pérdidas y desperdicio alimentario?**

   a. Evaluar el progreso hacia el logro de los objetivos establecidos.
   b. Identificar las causas fundamentales de las pérdidas y desperdicio alimentario.
   c. Desarrollar estrategias y acciones específicas.
   d. Realizar un diagnóstico exhaustivo de la situación actual.

10. **¿Cuál es uno de los beneficios ambientales de la implantación de un plan de prevención de pérdidas y desperdicio alimentario?**

   a. Aumento de la huella ambiental asociada con la producción de alimentos.
   b. Reducción de la presión sobre los recursos naturales.
   c. Incremento de la contaminación del suelo, agua y aire.
   d. Disminución de la conservación de los ecosistemas y la biodiversidad.

U. A. 4. Buenas prácticas para la prevención y reducción del desperdicio alimentario

Objetivos

- Comprender la importancia y el impacto de la donación de alimentos y otras formas de redistribución para el consumo humano, tanto a nivel local como global.
- Analizar el proceso de transformación de productos no vendidos en alternativas viables para el consumo humano, identificando oportunidades para reducir el desperdicio en la cadena de suministro alimentario.
- Evaluar el papel de la alimentación animal y la fabricación de piensos en la gestión de residuos alimentarios, explorando estrategias para optimizar su utilización y minimizar el impacto ambiental.
- Investigar las posibilidades de utilizar las pérdidas y desperdicios alimentarios como subproductos en otras industrias, fomentando la economía circular y la eficiencia en el uso de recursos.
- Explorar métodos de reciclaje para la obtención de compost y digerido de alta calidad, examinando su aplicación en la mejora de la salud del suelo y la sostenibilidad agrícola.

1. La donación de alimentos y otros tipos de redistribución para consumo humano

La reducción del desperdicio alimentario es un imperativo global que requiere la colaboración de diversos actores, desde consumidores individuales hasta industrias y entidades gubernamentales.

Esta unidad analiza una serie de prácticas efectivas para prevenir y reducir el desperdicio alimentario, abordando diferentes enfoques que van desde la donación de alimentos hasta el reciclaje de residuos orgánicos. Al comprender y aplicar estas buenas prácticas, se puede contribuir significativamente a mitigar el impacto ambiental, económico y social asociado con la pérdida de alimentos.

La donación de alimentos y la redistribución para el consumo humano representan estrategias esenciales en la lucha contra el desperdicio alimentario y la inseguridad alimentaria. Más allá de su aspecto humanitario, estas prácticas tienen implicaciones significativas en términos económicos, sociales y ambientales.

 **Vocabulario**

La **donación de alimentos** implica la transferencia de productos alimenticios excedentes o cercanos a su fecha de vencimiento desde el productor, distribuidor o minorista hacia organizaciones benéficas, bancos de alimentos o programas de ayuda alimentaria. Estos alimentos, que de otro modo podrían ser descartados, se destinan a individuos y comunidades que enfrentan dificultades para acceder a alimentos nutritivos y suficientes.

Para garantizar la eficacia y seguridad de las donaciones de alimentos, es muy importante seguir prácticas de gestión de la cadena de frío, manipulación adecuada y cumplimiento de regulaciones sanitarias. Además, se deben establecer sistemas de seguimiento y trazabilidad para garantizar la calidad y la inocuidad de los alimentos donados.

Las prácticas de gestión de la cadena de frío son fundamentales en el contexto de la donación de alimentos, especialmente cuando se trata de productos perecederos como carnes, lácteos, frutas y verduras. Esto implica mantener los alimentos a temperaturas controladas desde su producción o recolección hasta su entrega final a los beneficiarios. La cadena de frío se rompe fácilmente si los alimentos se exponen a temperaturas inadecuadas durante el transporte, almacenamiento o manipulación.

Fig. 1. La falta de control de la temperatura puede provocar la proliferación de bacterias patógenas y la degradación de la calidad de los alimentos, lo que pone en riesgo la seguridad alimentaria de los receptores

Además de la gestión de la cadena de frío, la manipulación adecuada de los alimentos es esencial para garantizar su seguridad y calidad durante todo el proceso de donación. Esto incluye prácticas como el lavado adecuado de manos, la separación de alimentos crudos y cocidos, el uso de utensilios limpios y desinfectados, y el almacenamiento adecuado de alimentos en contenedores herméticos. La manipulación inadecuada de los alimentos puede aumentar el riesgo de contaminación cruzada y la propagación de enfermedades transmitidas por alimentos, lo que podría tener graves consecuencias para la salud de los receptores.

Vocabulario

La **contaminación cruzada** es un proceso por el cual bacterias, virus, parásitos u otros microorganismos patógenos son transferidos inadvertidamente de un objeto, superficie o alimento a otro, con el potencial de causar enfermedades.

En el contexto de la manipulación de alimentos, la contaminación cruzada puede ocurrir de varias maneras:

- **Entre alimentos**: Por ejemplo, cuando alimentos crudos como carne, aves o pescado entran en contacto con alimentos que se consumen crudos, como verduras o frutas. Los patógenos presentes en los alimentos crudos pueden transferirse a aquellos que no serán cocidos, aumentando el riesgo de enfermedades.

- **A través de utensilios y superficies**: La contaminación cruzada también puede ocurrir cuando se usan los mismos utensilios (como cuchillos, tablas de cortar, etc.) o superficies de trabajo para diferentes alimentos sin adecuada limpieza y desinfección entre usos. Si los utensilios o superficies que han estado en contacto con alimentos crudos se utilizan luego para alimentos listos para el consumo, pueden transferir patógenos.

- **Por manipulación**: Las manos de los manipuladores de alimentos pueden ser también un vehículo para la contaminación cruzada si no se lavan correctamente entre el manejo de diferentes alimentos o después de tocar superficies contaminadas.

 **Importante**

Además de estas prácticas operativas, es muy importante cumplir con las regulaciones sanitarias y de seguridad alimentaria establecidas por las autoridades competentes. Estas regulaciones suelen incluir requisitos específicos para la manipulación, almacenamiento y transporte de alimentos, así como normas de higiene personal y de instalaciones. El cumplimiento de estas regulaciones es fundamental para garantizar que los alimentos donados sean seguros para el consumo humano y cumplan con los estándares de calidad establecidos.

En el contexto de la donación de alimentos, cumplir con las regulaciones sanitarias y de seguridad alimentaria es esencial para garantizar que los alimentos sean seguros y de calidad.

Algunos ejemplos concretos de estas regulaciones son los siguientes:

- **Temperatura adecuada durante el almacenamiento y transporte**: Los alimentos perecederos deben mantenerse a temperaturas específicas para prevenir el crecimiento de bacterias patógenas. Esto puede incluir mantener refrigerados los productos lácteos, carnes y verduras entre 1°C y 4°C, y congelados los productos congelados a -18°C o menos. Los vehículos de transporte deben estar equipados con refrigeración adecuada para mantener estas temperaturas durante el traslado.

- **Separación de alimentos en el almacenamiento y transporte**: Para prevenir la contaminación cruzada, los alimentos crudos y los cocinados o listos para el consumo deben almacenarse y transportarse separadamente. Utilizar contenedores y compartimentos diferenciados en frigoríficos y vehículos es una práctica común en cumplimiento de esta normativa.

- **Control de plagas**: Las instalaciones donde se almacenan los alimentos donados deben tener un plan de control de plagas efectivo para evitar la contaminación por roedores, insectos u otros animales. Esto incluye medidas como sellar todas las entradas posibles, mantener la limpieza y usar métodos de control de plagas aprobados por las autoridades sanitarias.

- **Lavado y desinfección de utensilios y superficies**: Los utensilios, equipos y superficies que entran en contacto con alimentos deben ser limpiados y desinfectados regularmente. Esto implica el uso de productos de limpieza y desinfectantes adecuados y seguir procedimientos específicos para asegurar la eliminación de contaminantes y patógenos.

- **Higiene personal de los manipuladores de alimentos**: Los voluntarios y trabajadores que manejan alimentos donados deben seguir estrictas normas de higiene personal. Esto incluye lavarse las manos frecuentemente con agua y jabón, usar guantes desechables cuando sea apropiado, y evitar el contacto con los alimentos si están enfermos.

- **Etiquetado y seguimiento de los alimentos**: La información relevante sobre los alimentos, como la fecha de caducidad, el contenido y las alergias potenciales, debe estar claramente etiquetada en los productos donados. También debe existir un sistema para rastrear el origen y el destino final de los alimentos para facilitar cualquier acción necesaria en caso de problemas de seguridad alimentaria.

Por último, para asegurar la calidad e inocuidad de los alimentos donados, es necesario establecer sistemas de seguimiento y trazabilidad. Esto implica registrar y documentar meticulosamente cada etapa del proceso de donación, desde la recolección de los alimentos hasta su distribución final.

Los sistemas de seguimiento y trazabilidad permiten identificar y rastrear rápidamente cualquier problema potencial con los alimentos donados, lo que facilita la toma de decisiones informadas y la implementación de medidas correctivas en caso de emergencia.

Fig. 2. Los sistemas de seguimiento y trazabilidad son fundamentales para garantizar la transparencia y la confianza en el proceso de donación de alimentos

En el ámbito teórico, la donación de alimentos se enmarca en los principios de la economía circular y la responsabilidad social corporativa.

Al recuperar y redistribuir alimentos excedentes, se reduce el impacto ambiental asociado con la producción de alimentos y la gestión de residuos. Asimismo, se promueve la equidad social al proporcionar acceso a alimentos nutritivos a aquellos que enfrentan inseguridad alimentaria.

Sin embargo, es importante reconocer que la donación de alimentos no aborda las causas fundamentales del desperdicio alimentario, como los desequilibrios en la cadena de suministro, las prácticas de marketing y consumo excesivas, y las deficiencias en la infraestructura de almacenamiento y transporte.

Por lo tanto, si bien la donación de alimentos es una medida muy importante, debe combinarse con esfuerzos más amplios para abordar las raíces estructurales del desperdicio alimentario y promover sistemas alimentarios más resilientes y sostenibles.

2. La transformación de los productos que no se han vendido (pero que siguen siendo aptos para el consumo humano) en otros productos alternativos

La transformación de productos que no han sido vendidos pero que aún son aptos para el consumo humano representa una estrategia innovadora y sostenible en la gestión del desperdicio alimentario. Esta práctica busca darles un nuevo propósito a alimentos que de otro modo podrían desecharse, contribuyendo así a reducir la cantidad de alimentos desperdiciados y aprovechando al máximo los recursos disponibles.

Desde una perspectiva técnica, la transformación de estos productos implica procesos como la reconfiguración, reutilización o combinación de ingredientes para crear nuevos productos alimenticios. Esto puede incluir la elaboración de platos preparados, conservas, salsas, productos horneados, entre otros.

Fig. 3. A través de la creatividad culinaria y el conocimiento de técnicas de conservación y procesamiento de alimentos, es posible transformar los excedentes en productos atractivos y apetitosos, listos para su consumo

Algunos ejemplos concretos de cómo se puede reconfigurar, reutilizar o combinar ingredientes para crear productos alimenticios atractivos y listos para consumir podrían ser los siguientes:

- **Platos preparados**: A partir de verduras que quizás no pasen el control de calidad estético para la venta al por menor, se pueden preparar sopas, guisos o cacerolas. Por ejemplo, un guiso de lentejas con zanahorias, patatas y tomates que estén ligeramente imperfectos, pero todavía frescos y comestibles.
- **Conservas**: Las frutas excedentes o ligeramente magulladas pueden transformarse en mermeladas, compotas o chutneys. Un ejemplo concreto sería usar manzanas y peras para hacer una compota casera, que luego puede ser envasada y distribuida.
- **Salsas**: Los tomates que no se venden por su apariencia pueden ser cocinados y transformados en salsas para pasta o pizza. Esta es una excelente manera de utilizar grandes cantidades de tomates antes de que se echen a perder, convirtiéndolos en un producto de larga duración.
- **Productos horneados**: El pan que no se vende en las panaderías puede ser triturado para hacer migas de pan o incluso transformarse en budines de pan o bases para tartas. Otro ejemplo sería utilizar frutas sobrantes para hacer pasteles o tartas.
- **Snacks y aperitivos**: Verduras como zanahorias, apio y remolacha pueden ser cortadas y deshidratadas para crear snacks saludables. Las hierbas frescas sobrantes pueden ser utilizadas para hacer dips o pestos que acompañen estos snacks.
- **Bebidas**: Frutas sobrantes también pueden ser usadas para hacer jugos, batidos o incluso fermentadas para producir sidra. Un ejemplo podría ser el uso de manzanas y peras para crear una bebida fermentada natural.

Cada uno de estos ejemplos no solo ayuda a reducir el desperdicio alimentario, sino que también proporciona productos nutritivos y atractivos para el consumo. Además, estos procesos agregan valor a productos que de otro modo podrían ser descartados, aprovechando al máximo los recursos disponibles y fomentando prácticas sostenibles en la industria alimentaria.

Esta práctica no solo contribuye a reducir el desperdicio alimentario, sino que también puede generar oportunidades económicas para productores, comerciantes y consumidores. Al convertir los excedentes en productos alternativos, se pueden crear nuevos mercados y nichos comerciales, aumentando así el valor agregado de los alimentos y fomentando la innovación en la industria alimentaria.

Además, la transformación de productos ofrece beneficios ambientales al reducir la presión sobre los recursos naturales y minimizar la generación de residuos. Al aprovechar al máximo los alimentos disponibles, se reduce la necesidad de producción adicional y se disminuye la huella ecológica asociada con la agricultura, el transporte y el procesamiento de alimentos.

Recuerda

La transformación de productos no vendidos en alternativas alimenticias representa una estrategia integral y proactiva para abordar el desperdicio alimentario. Al aprovechar al máximo los recursos disponibles y fomentar la innovación en la industria alimentaria, esta práctica contribuye a construir sistemas alimentarios más sostenibles, resilientes y equitativos.

Con el crecimiento de movimientos como el de la alimentación consciente y la demanda de productos más sostenibles y éticos, hay una mayor atención a la innovación en la industria alimentaria. Esto ha llevado al desarrollo de tecnologías y procesos que permiten la transformación creativa de alimentos no vendidos en productos alternativos de alto valor nutricional y gastronómico.

Ejemplo

Por ejemplo, empresas y emprendedores están explorando nuevas formas de utilizar frutas y verduras "feas" o desechadas estéticamente para crear jugos, sopas, salsas, snacks saludables y otros productos alimenticios. Estas iniciativas no solo ayudan a reducir el desperdicio, sino que también promueven la diversificación del mercado de alimentos y ofrecen opciones más accesibles y asequibles para los consumidores conscientes de su impacto ambiental.

Fig. 4. La transformación de productos no vendidos en alternativas alimentarias también está siendo impulsada por avances en tecnologías de procesamiento y conservación

Métodos como el liofilizado, la deshidratación y la fermentación están siendo utilizados para prolongar la vida útil de los alimentos y crear productos innovadores con sabores y texturas únicas.

Vocabulario

Se exponen los conceptos de liofilización, deshidratación y fermentación:

- La **liofilización** es un proceso de deshidratación que se utiliza para preservar alimentos y otros productos biológicos. Consiste en congelar el producto y luego someterlo a un vacío extremadamente bajo, lo que permite que el agua se sublime directamente desde el estado sólido al estado gaseoso, sin pasar por el estado líquido. Este método de conservación ayuda a mantener la estructura celular y las propiedades sensoriales del alimento, al tiempo que prolonga su vida útil y conserva su valor nutricional.
- La **deshidratación** es un proceso de eliminación del agua de los alimentos mediante calor y ventilación controlados. Este método de conservación ayuda a reducir el contenido de agua en los alimentos, lo que inhibe el crecimiento de microorganismos y evita la proliferación de bacterias, hongos y levaduras responsables de la descomposición. Los alimentos deshidratados son ligeros, compactos y fáciles de almacenar, lo que los hace ideales para su uso en actividades al aire libre, viajes o situaciones de emergencia.
- La **fermentación** es un proceso bioquímico en el que los microorganismos, como bacterias, levaduras y mohos, descomponen los carbohidratos y otros compuestos orgánicos presentes en los alimentos, produciendo ácidos, alcohol y gases como subproductos. Este proceso transforma la composición química y las propiedades organolépticas de los alimentos, generando nuevos sabores, aromas y texturas. La fermentación se utiliza en la producción de una amplia variedad de alimentos y bebidas, como pan, queso, yogur, cerveza, vino, kimchi y chucrut, entre otros, y también contribuye a mejorar la digestibilidad y la biodisponibilidad de nutrientes en los alimentos fermentados.

3. La alimentación animal y la fabricación de piensos

La alimentación animal y la fabricación de piensos juegan un papel muy importante en la gestión del desperdicio alimentario al ofrecer una salida viable para productos que no son aptos para el consumo humano directo. Esta práctica consiste en utilizar los excedentes de alimentos, subproductos agrícolas o de la industria alimentaria como ingredientes en la elaboración de piensos para animales, tanto para ganado como para mascotas.

La fabricación de piensos implica el procesamiento y la formulación de ingredientes para crear alimentos balanceados que satisfagan las necesidades nutricionales específicas de cada tipo de animal.

Fig. 5. Los excedentes alimentarios que no son aptos para el consumo humano, como recortes de carne o subproductos de la industria láctea, pueden ser aprovechados como ingredientes en la fabricación de piensos

El proceso de fabricación de piensos implica varias etapas que van desde la selección y procesamiento de ingredientes hasta la formulación y producción del alimento final.

1. **Selección de ingredientes**: Se eligen cuidadosamente los ingredientes que se utilizarán en la formulación del pienso. Estos ingredientes pueden incluir cereales como maíz, trigo o cebada, proteínas vegetales como la soja o el girasol, proteínas animales como la harina de pescado o de carne, grasas, minerales, vitaminas y aditivos como antioxidantes o conservantes.

2. **Procesamiento de ingredientes**: Los ingredientes seleccionados se someten a diferentes procesos para hacerlos adecuados para su inclusión en el pienso. Esto puede implicar la molienda para reducir el tamaño de las partículas, la extrusión para mejorar la digestibilidad y la estabilidad del alimento, el secado para reducir la humedad, el tostado para mejorar el sabor y la palatabilidad, entre otros procesos.

3. **Formulación del pienso**: Una vez que los ingredientes están procesados, se procede a la formulación del pienso. En esta etapa, se combinan los ingredientes en proporciones específicas para cumplir con los requisitos nutricionales de los animales a los que se destina el pienso. La formulación se basa en el conocimiento de los requerimientos nutricionales de las diferentes especies animales, así como en la disponibilidad y costo de los ingredientes.

4. **Mezclado**: Los ingredientes formulados se mezclan meticulosamente para asegurar una distribución uniforme de todos los componentes del pienso. Esto se realiza en mezcladoras industriales que garantizan una mezcla homogénea y consistente.

5. **Acondicionamiento y granulación**: La mezcla resultante se somete a un proceso de acondicionamiento, donde se ajusta la humedad para facilitar la granulación. Luego, la mezcla se pasa a través de matrices de extrusión o prensas que le dan forma a los gránulos del pienso. Este proceso ayuda a mejorar la palatabilidad, la digestibilidad y la estabilidad del alimento.

6. **Enfriamiento y secado**: Los gránulos de pienso recién formados se enfrían y se secan para eliminar cualquier exceso de humedad y garantizar la conservación del producto durante el almacenamiento y el transporte.

7. **Adición de aditivos**: En esta etapa opcional, se pueden añadir aditivos como antioxidantes, conservantes, colorantes o aromatizantes para mejorar la calidad y la apariencia del pienso, así como para proporcionar beneficios adicionales para la salud y el rendimiento de los animales.

8. **Empaque y almacenamiento**: Finalmente, el pienso se empaca en bolsas o contenedores adecuados y se almacena en condiciones óptimas para preservar su calidad y frescura hasta su distribución y uso final.

Esta práctica no solo contribuye a reducir el desperdicio alimentario, sino que también ofrece beneficios económicos al generar un valor adicional para los excedentes alimentarios. Al transformar estos productos en piensos de alta calidad, se crea una demanda secundaria que puede ayudar a reducir los costos de eliminación de residuos y generar ingresos adicionales para productores agrícolas y empresas de procesamiento de alimentos.

Además, la alimentación animal y la fabricación de piensos desempeñan un papel importante en la seguridad alimentaria y la salud animal al proporcionar una alimentación balanceada y nutritiva para el ganado y las mascotas.

Fig. 6. Al utilizar ingredientes variados y controlar cuidadosamente la calidad de los piensos, se garantiza que los animales reciban los nutrientes necesarios para su crecimiento, desarrollo y bienestar

Novedad

Se están explorando nuevas fuentes de proteínas para piensos, como las proteínas derivadas de insectos, algas y subproductos de la industria alimentaria humana. Estas alternativas no solo ayudan a reducir la dependencia de los piensos basados en cultivos como la soja, que pueden tener un impacto ambiental significativo debido a la deforestación y el uso intensivo de recursos, sino que también ofrecen una fuente de proteínas más eficiente en términos de recursos y energía.

Además, la tecnología está desempeñando un papel cada vez más importante en la fabricación de piensos, permitiendo una formulación más precisa y personalizada de las dietas para diferentes especies y etapas de crecimiento. Se están desarrollando sistemas de alimentación automatizados y monitoreo en tiempo real que permiten ajustar las raciones según las necesidades individuales de los animales, optimizando así la eficiencia alimentaria y reduciendo el desperdicio.

Otro aspecto relevante es la creciente demanda de piensos orgánicos y libres de transgénicos, impulsada por consumidores preocupados por la salud y el bienestar animal. Los fabricantes de piensos están respondiendo a esta demanda con productos certificados que cumplen con estándares estrictos de producción orgánica y ética, lo que a su vez promueve prácticas agrícolas más sostenibles y respetuosas con el medioambiente.

Por último, la alimentación animal y la fabricación de piensos contribuyen a cerrar el ciclo de los nutrientes al **reciclar los excedentes alimentarios** en la cadena alimentaria. Al utilizar los subproductos y excedentes como ingredientes en los piensos, se reduce la presión sobre los recursos naturales y se minimiza la generación de residuos, promoviendo así la sostenibilidad ambiental en la producción de alimentos.

Saber más

Los subproductos son aquellos materiales que resultan como residuos o subproductos de la producción de alimentos destinados al consumo humano o de procesos industriales. Estos subproductos pueden incluir partes de plantas no utilizadas en la alimentación humana, como cáscaras, pulpas o restos de procesamiento de frutas y vegetales, así como subproductos de la industria cárnica, láctea o pesquera, como huesos, vísceras, suero de leche o harinas de pescado. Los subproductos se utilizan en la fabricación de piensos como fuentes alternativas de nutrientes, como proteínas, grasas, vitaminas y minerales, que son esenciales para la alimentación y el crecimiento saludable de los animales. A través de procesos de transformación y formulación de piensos, estos subproductos se incorporan en las dietas animales para proporcionar una nutrición balanceada y completa.

En conclusión, la alimentación animal y la fabricación de piensos representan una estrategia integral y sostenible para la gestión del desperdicio alimentario. Al aprovechar al máximo los excedentes alimentarios y transformarlos en alimentos nutritivos para animales, se promueve la eficiencia en el uso de recursos y se contribuye a construir sistemas alimentarios más sostenibles y resilientes.

4. Uso de las pérdidas y desperdicios alimentarios como subproductos en otra industria

El uso de las pérdidas y desperdicios alimentarios como subproductos en otras industrias es una estrategia innovadora y sostenible que busca maximizar el valor de los recursos alimentarios y reducir la generación de residuos. Esta práctica implica la reutilización de los excedentes alimentarios, subproductos de la industria alimentaria o materiales orgánicos no aptos para el consumo humano directo como materias primas en la fabricación de productos no alimentarios.

El aprovechamiento de las pérdidas y desperdicios alimentarios como subproductos en otras industrias involucra procesos de transformación y valorización para adaptar estos materiales a las necesidades específicas de cada sector.

Fig. 7. Los desechos orgánicos pueden ser utilizados como ingredientes en la producción de fertilizantes, bioplásticos, productos farmacéuticos, cosméticos o energía renovable a través de la biomasa

Ejemplo

Algunos ejemplos de cómo se utilizan los desechos orgánicos en diferentes aplicaciones son:

Fertilizantes orgánicos: Los desechos orgánicos, como restos de alimentos, residuos de jardinería y estiércol animal, se pueden compostar para producir fertilizantes orgánicos ricos en nutrientes. Estos fertilizantes se utilizan para enriquecer el suelo y mejorar su estructura, proporcionando a las plantas los nutrientes necesarios para un crecimiento saludable.
Bioplásticos: Los desechos orgánicos también se pueden utilizar como materia prima en la producción de bioplásticos. Mediante procesos de fermentación y extracción, los residuos orgánicos pueden convertirse en polímeros naturales que se utilizan para fabricar envases biodegradables, utensilios desechables y otros productos plásticos más sostenibles y respetuosos con el medioambiente.
Productos farmacéuticos: Algunos desechos orgánicos, como ciertas plantas medicinales y subproductos de la industria alimentaria, contienen compuestos bioactivos con propiedades terapéuticas. Estos compuestos se pueden extraer y utilizar en la producción de medicamentos y suplementos dietéticos para tratar diversas enfermedades y promover la salud humana.
Cosméticos: Los desechos orgánicos también se pueden aprovechar en la industria cosmética para la producción de ingredientes naturales y sostenibles. Por ejemplo, aceites vegetales, extractos de plantas y residuos de la producción de aceites esenciales se utilizan en la fabricación de cremas, lociones, champús y otros productos de cuidado personal.
Energía renovable: Los desechos orgánicos son una fuente importante de biomasa que se puede utilizar para la producción de energía renovable, como biogás y bioetanol. Mediante procesos de fermentación anaeróbica, los residuos orgánicos se descomponen para producir biogás, que se puede utilizar como combustible para generar electricidad y calor, o como biocombustible para vehículos.

Esta práctica ofrece múltiples beneficios económicos, sociales y ambientales. En primer lugar, al utilizar los residuos alimentarios como materias primas en otras industrias, se reduce la dependencia de recursos naturales finitos y se fomenta la economía circular al cerrar el ciclo de los nutrientes y materiales.

Además, esta estrategia puede generar nuevas oportunidades comerciales y empleo en sectores no alimentarios, contribuyendo así al desarrollo económico y la diversificación industrial.

Al integrar los residuos alimentarios en otros procesos industriales, se promueve el concepto de economía circular. En lugar de considerar los residuos como simples desechos, se les da un nuevo propósito como materias primas secundarias, cerrando el ciclo de los nutrientes y materiales en la cadena de producción. Esto significa que los recursos se utilizan de manera más eficiente y sostenible, ya que los residuos se reciclan y reincorporan al sistema productivo en lugar de ser desechados en vertederos o incinerados.

Desde una perspectiva ambiental, el uso de las pérdidas y desperdicios alimentarios como subproductos en otras industrias **reduce la presión sobre los ecosistemas naturales y minimiza la generación de residuos orgánicos** que podrían contribuir a la contaminación ambiental y el cambio climático. Al valorizar estos materiales como recursos útiles en lugar de desecharlos, se promueve la sostenibilidad ambiental y se reduce el impacto negativo de la producción y el consumo de alimentos en el medioambiente.

Fig. 8. El uso de las pérdidas y desperdicios alimentarios como subproductos puede ayudar a mitigar los problemas de gestión de residuos y la saturación de vertederos, al desviar una parte significativa de los desechos orgánicos hacia usos productivos y rentables

Al promover el aprovechamiento integral de los recursos alimentarios a lo largo de toda la cadena de valor, se fortalece la resiliencia de los sistemas alimentarios y se avanza hacia un modelo de producción y consumo más sostenible y equitativo.

El desvío de residuos orgánicos hacia usos productivos y rentables se produce principalmente mediante la implementación de sistemas de gestión de residuos eficientes y la promoción de prácticas de reciclaje y valorización.

Algunos aspectos clave de este desvío son:

- **Separación en la fuente**: Se fomenta la separación de los residuos en la fuente de generación, es decir, en los hogares, empresas y establecimientos comerciales. Esto implica la clasificación de los residuos orgánicos, como restos de alimentos y desechos de jardinería, en contenedores separados de los residuos no orgánicos, como plásticos, papel y vidrio. Esta separación facilita el manejo y la recuperación de los residuos orgánicos para su posterior valorización.

- **Recogida selectiva**: Se establecen sistemas de recogida selectiva de residuos orgánicos para su transporte a instalaciones de tratamiento especializadas. Estos sistemas pueden incluir la instalación de contenedores específicos para residuos orgánicos en las áreas urbanas y la recogida periódica de estos residuos por parte de los servicios municipales de gestión de residuos.

- **Tratamiento y procesamiento**: Los residuos orgánicos recogidos son sometidos a diferentes procesos de tratamiento y procesamiento para su valorización. Esto puede incluir el compostaje, la digestión anaeróbica o la producción de biogás. Estos procesos permiten transformar los residuos orgánicos en productos útiles, como abono orgánico, biogás o productos químicos orgánicos, que pueden ser utilizados en la agricultura, la generación de energía o la industria química.

- **Promoción de usos alternativos**: Se promueve el uso de los productos resultantes del tratamiento de residuos orgánicos como alternativas sostenibles a los productos convencionales. Por ejemplo, el compost obtenido del compostaje de residuos orgánicos puede ser utilizado como fertilizante en la agricultura orgánica, reduciendo la necesidad de fertilizantes químicos y promoviendo prácticas agrícolas más sostenibles y respetuosas con el medi ambiente.

5. Reciclado y obtención de compost y digerido de máxima calidad para su uso en los suelos

El reciclado y la obtención de compost y digerido de máxima calidad para su uso en los suelos representan una estrategia esencial en la gestión sostenible de los residuos orgánicos y la mejora de la salud de los suelos agrícolas. Esta práctica implica la transformación de los desechos orgánicos, incluidos los residuos de alimentos, restos de cultivos, estiércol y materiales vegetales, en productos fertilizantes naturales que pueden enriquecer y revitalizar los suelos agrícolas.

 **Vocabulario**

El **compost** es un material orgánico que resulta de la descomposición controlada y aeróbica de residuos orgánicos, como restos de alimentos, hojas, recortes de césped y otros materiales vegetales. Este proceso de descomposición se lleva a cabo en condiciones específicas de temperatura, humedad, oxígeno y pH, que favorecen la actividad de microorganismos, como bacterias, hongos y actinomicetos, responsables de descomponer la materia orgánica en compuestos más simples y estables.

El **compostaje** es una forma natural de reciclar los residuos orgánicos, transformándolos en un producto final llamado compost, que tiene una serie de beneficios agronómicos y ambientales. El compost es rico en nutrientes como nitrógeno, fósforo, potasio y otros minerales esenciales para el crecimiento de las plantas. Además, mejora la estructura y la fertilidad del suelo, aumenta la retención de agua y promueve la actividad biológica del suelo, lo que contribuye a una mejor salud del ecosistema.

El **compost** se utiliza ampliamente en la agricultura y la jardinería como un fertilizante orgánico y un mejorador del suelo. Se puede aplicar directamente al suelo como enmienda orgánica, mezclado con tierra para macetas o utilizado como cobertura vegetal en jardines y cultivos. El compostaje es una práctica sostenible y respetuosa con el medioambiente que ayuda a reducir la cantidad de residuos enviados a vertederos, a la vez que proporciona beneficios agronómicos y ambientales significativos.

Desde un punto de vista técnico, el reciclado de residuos orgánicos para la obtención de compost y digerido implica procesos de descomposición biológica controlada, donde los microorganismos descomponen la materia orgánica en un producto estable y rico en nutrientes.

Fig. 9. El compost se obtiene a través de la descomposición aeróbica de los residuos orgánicos, mientras que el digerido se produce mediante la descomposición anaeróbica en condiciones controladas

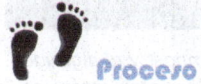 **Proceso**

El proceso de obtención de compost y digerido implica diferentes métodos de descomposición de residuos orgánicos que resultan en productos finales con distintas características y usos.

- **Compostaje (descomposición aeróbica)**: El compostaje es un proceso de descomposición de residuos orgánicos que se lleva a cabo en presencia de oxígeno. Se basa en la actividad de microorganismos aeróbicos, como bacterias y hongos, que descomponen la materia orgánica en presencia de aire.

  Durante el compostaje, los residuos orgánicos se colocan en pilas o contenedores y se mezclan regularmente para promover la aeración y la circulación de oxígeno. La descomposición aeróbica genera calor, lo que acelera el proceso de descomposición y destruye organismos patógenos y semillas de malas hierbas. El producto final del compostaje es el compost, un material orgánico rico en nutrientes que se utiliza como enmienda del suelo en la agricultura y la jardinería.

- **Digerido (descomposición anaeróbica)**: El digerido, también conocido como digestato, se produce mediante un proceso de descomposición anaeróbica de los residuos orgánicos en ausencia de oxígeno. Este proceso se lleva a cabo en digestores anaeróbicos, donde los microorganismos descomponen la materia orgánica en un ambiente sin oxígeno.

  Durante la descomposición anaeróbica, se produce biogás, una mezcla de metano y dióxido de carbono, que puede ser capturada y utilizada como fuente de energía renovable. El digerido resultante es un material estabilizado, rico en nutrientes y libre de patógenos, que se utiliza como fertilizante orgánico en la agricultura y la horticultura. Además de producir un fertilizante valioso, el proceso de digestión anaeróbica también ayuda a reducir los olores y la producción de gases de efecto invernadero asociados con la descomposición de residuos orgánicos en vertederos.

Estos productos finales, compost y digerido, son ricos en nutrientes como nitrógeno, fósforo y potasio, así como en materia orgánica y microorganismos beneficiosos para el suelo. Al ser aplicados en los suelos agrícolas, mejoran su estructura, fertilidad y capacidad de retención de agua, lo que contribuye a aumentar la productividad y la calidad de los cultivos.

Esta práctica ofrece numerosos beneficios ambientales al promover la gestión sostenible de los residuos orgánicos y la conservación de los recursos naturales.

Al reciclar los desechos orgánicos en lugar de enviarlos a vertederos o incineradoras, se reduce la generación de gases de efecto invernadero y se disminuye la contaminación del aire y el suelo asociada con la eliminación de residuos.

Fig. 10. El compost y el digerido actúan como fertilizantes orgánicos naturales, evitando la dependencia de fertilizantes químicos y reduciendo la contaminación del suelo y el agua

Además, el uso de compost y digerido en la agricultura favorece la restauración de suelos degradados y la protección de la biodiversidad, al tiempo que contribuye a la mitigación del cambio climático al aumentar la captura de carbono en el suelo.

Por otro lado, el marco regulatorio que rige el compostaje y la digestión anaeróbica es necesario para asegurar que estas prácticas sean ambiental y sanitariamente seguras. Las leyes y regulaciones varían según el país o la región, pero hay varios aspectos comunes que suelen estar cubiertos para garantizar prácticas efectivas y seguras.

El manejo de residuos orgánicos es uno de los aspectos fundamentales. Las regulaciones pueden especificar qué tipos de residuos orgánicos pueden ser procesados mediante compostaje o digestión anaeróbica.

Ejemplo

Por ejemplo, algunos reglamentos podrían prohibir el compostaje de carnes y productos lácteos en sistemas no comerciales debido al riesgo de patógenos, mientras que otros pueden permitirlo bajo condiciones controladas.

Otro aspecto crítico son los estándares de calidad para el compost y el digerido. Las normativas definen criterios de calidad para los productos finales como el compost y el digerido para asegurar su seguridad y eficacia como fertilizantes. Esto incluye parámetros como el contenido de nutrientes, asegurando niveles adecuados de nitrógeno, fósforo, potasio y otros micro y macronutrientes.

También se regulan la presencia de metales pesados y contaminantes, con limitaciones estrictas en la concentración de elementos como plomo, mercurio y cadmio, así como de residuos de pesticidas o herbicidas.

Además, se establecen procedimientos para eliminar patógenos y semillas viables de malas hierbas.

Las regulaciones a menudo estipulan procesos y tecnología específicos para los sistemas de compostaje y digestión anaeróbica. Esto puede incluir requerimientos sobre el control de temperatura y pH para asegurar la destrucción de patógenos y la correcta descomposición de la materia orgánica.

Asimismo, se exigen sistemas de contención y filtración para evitar la contaminación del suelo, agua y aire. Especialmente en sistemas de digestión anaeróbica, es fundamental controlar las emisiones de metano y otros gases para minimizar el impacto ambiental.

La aplicación en agricultura también está regulada, dictando cómo y dónde puede ser utilizado el compost o digerido. Las normativas incluyen tasas y métodos de aplicación para maximizar la eficiencia y minimizar el riesgo de sobresaturación de nutrientes o contaminación. En la agricultura orgánica, puede haber restricciones específicas sobre el uso de ciertos tipos de compost.

En el ámbito internacional, existen directrices y estándares establecidos por organizaciones como la FAO y la UE que buscan promover prácticas seguras y efectivas de manejo de residuos orgánicos a nivel mundial.

Fig. 11. Las directrices internacionales suelen influenciar las legislaciones nacionales y fomentar la armonización de las prácticas de compostaje y digestión anaeróbica

Adicionalmente, algunos sistemas regulatorios incluyen la necesidad de certificaciones y etiquetado para productores de compost y digerido. Estas certificaciones aseguran que los productos finales sean seguros y estén correctamente etiquetados con información sobre su composición y uso recomendado.

Resumen

El reciclado y la obtención de compost y digerido de máxima calidad para su uso en los suelos son prácticas fundamentales para promover la sostenibilidad ambiental y la productividad agrícola. Al cerrar el ciclo de los nutrientes y valorizar los residuos orgánicos como recursos valiosos, se avanza hacia un modelo de producción y consumo más circular, resiliente y equilibrado.

Por último, las innovaciones tecnológicas en el campo del compostaje y la digestión anaeróbica están jugando un papel muy reseñable en la mejora de la eficiencia y efectividad de estos procesos, mejorando la calidad de los productos finales y reduciendo el impacto ambiental asociado.

Algunas de las innovaciones más significativas incluyen los digestores anaeróbicos de nueva generación, los sistemas de compostaje automatizados, los sensores y sistemas de monitoreo avanzados, las mejoras en el tratamiento y uso del biogás, y el desarrollo de bio-productos.

Los digestores anaeróbicos de nueva generación han avanzado significativamente, permitiendo el desarrollo de digestores más eficientes y adaptativos que pueden procesar una gama más amplia de materiales orgánicos, incluidos los residuos más difíciles de descomponer. Estos sistemas son más compactos y eficientes energéticamente, diseñados para optimizar la producción de biogás y minimizar los residuos residuales.

Fig. 12. Estos sistemas pueden ser más compactos y eficientes energéticamente, y a menudo están diseñados para optimizar la producción de biogás y minimizar los residuos residuales

Los digestores modulares y las tecnologías híbridas combinan procesos aeróbicos y anaeróbicos en una misma instalación, maximizando la eficiencia y la calidad del producto final.

Anotación

La automatización en los sistemas de compostaje está transformando esta práctica, haciendo que sea más controlable y menos dependiente del manejo manual. Los compostadores automáticos de circuito cerrado controlan automáticamente la temperatura, la humedad y el aporte de oxígeno, acelerando el proceso de compostaje y mejorando la homogeneidad y calidad del compost. Robots y sistemas de volteo automatizados aseguran una aireación adecuada y uniforme del compost, reduciendo significativamente el esfuerzo manual.

Por su parte, el uso de sensores avanzados y sistemas de monitoreo en tiempo real permite un control más preciso sobre los procesos de compostaje y digestión anaeróbica. Sensores de temperatura, humedad y pH proporcionan datos continuos que optimizan las condiciones del proceso, asegurando una descomposición eficiente y la inactivación de patógenos. Los sistemas de control basados en IoT facilitan la monitorización y el ajuste remoto de los parámetros del proceso, aumentando la eficiencia y reduciendo la necesidad de intervención manual.

Fig. 13. Estas innovaciones aumentan la viabilidad técnica y económica del compostaje y la digestión anaeróbica y cierran el ciclo de nutrientes, reduciendo la dependencia de los vertederos y la quema de residuos

 **Saber más**

Los bio-plásticos son materiales derivados de fuentes orgánicas renovables, como restos de alimentos, almidón de maíz, y aceites vegetales. A diferencia de los plásticos tradicionales, que son derivados del petróleo, los bio-plásticos tienen una menor huella de carbono y son biodegradables o compostables en condiciones adecuadas. En el contexto del desperdicio alimentario, los bio-plásticos pueden fabricarse a partir de residuos alimentarios que, de otro modo, terminarían en vertederos. Esto no solo reduce la cantidad de desechos, sino que también proporciona una alternativa sostenible a los plásticos convencionales, ayudando a mitigar la contaminación plástica. Empresas y startups en todo el mundo están invirtiendo en tecnologías para convertir desperdicios alimentarios en bio-plásticos, lo que subraya la relevancia y el potencial de esta solución.

Por otro lado, los fertilizantes líquidos especializados están revolucionando la agricultura al ofrecer soluciones nutritivas más eficientes y personalizadas para los cultivos. Estos fertilizantes se producen a menudo a partir de subproductos del compostaje y la digestión anaeróbica, procesando residuos alimentarios en nutrientes fácilmente asimilables por las plantas. En comparación con los fertilizantes sólidos tradicionales, los fertilizantes líquidos permiten una aplicación más uniforme y controlada, reduciendo el riesgo de sobre-fertilización y la escorrentía de nutrientes que puede contaminar los cuerpos de agua. Además, estos fertilizantes pueden ser formulados para atender las necesidades específicas de diferentes cultivos, optimizando el crecimiento y la producción agrícola mientras se aprovechan los residuos alimentarios.

Los sustratos para la agricultura hidropónica representan otra área innovadora en la reutilización de desperdicios alimentarios. La agricultura hidropónica es una técnica de cultivo que utiliza soluciones nutritivas en lugar de suelo para el crecimiento de las plantas. Los sustratos hidropónicos, como lana de roca, fibra de coco, y perlita, pueden ser mejorados o sustituidos por materiales derivados de residuos orgánicos procesados, incluyendo residuos alimentarios. Estos sustratos proporcionan un medio de soporte físico para las raíces de las plantas y pueden enriquecer la solución nutritiva con minerales y nutrientes adicionales. Al utilizar residuos alimentarios como base para sustratos hidropónicos, se promueve un ciclo más cerrado de uso de recursos, disminuyendo el desperdicio y mejorando la eficiencia de la producción agrícola.

La integración de bio-plásticos, fertilizantes líquidos especializados y sustratos para la agricultura hidropónica en la cadena de valor del desperdicio alimentario ofrece múltiples beneficios. Estos incluyen la reducción de desechos, la disminución de la dependencia de recursos no renovables, la mejora de la eficiencia agrícola y la promoción de prácticas más sostenibles. A medida que la tecnología y la innovación continúan avanzando, es probable que veamos un aumento en la adopción de estas soluciones.

En cuanto al tratamiento y uso del biogás, la tecnología ha avanzado significativamente, permitiendo un mejor aprovechamiento de este recurso como fuente de energía renovable.

Los sistemas de purificación de biogás mejoran la calidad del biogás transformándolo en biometano, que puede ser utilizado de manera similar al gas natural. Las microturbinas y células de combustible convierten el biogás en electricidad y calor con altas eficiencias, ofreciendo soluciones de energía in situ para las instalaciones de compostaje y digestión.

Finalmente, los avances tecnológicos han facilitado la creación de nuevos productos derivados del proceso de digestión anaeróbica y compostaje, como bio-plásticos, fertilizantes líquidos especializados y sustratos para la agricultura hidropónica. Estos productos innovadores añaden valor a los residuos orgánicos y contribuyen a la sostenibilidad y eficiencia de los sistemas agrícolas.

Resumen

En esta unidad sobre buenas prácticas para la prevención y reducción del desperdicio alimentario, se profundiza en una serie de estrategias fundamentales que buscan optimizar el uso de los recursos alimentarios. Entre estas prácticas, destaca la donación de alimentos y su redistribución para consumo humano, que se erige como una medida esencial para aprovechar los excedentes alimentarios y mitigar la inseguridad alimentaria. Esta estrategia no solo cumple con un propósito humanitario al ayudar a personas en situación de vulnerabilidad, sino que también contribuye a reducir el impacto ambiental asociado con el desperdicio de alimentos.

Además, se resalta la importancia de la transformación de productos no vendidos en alternativas viables para el consumo humano. Esta práctica permite darles un nuevo propósito a alimentos que de otro modo serían desechados, fomentando la creatividad culinaria y la innovación en la industria alimentaria. Al reutilizar estos productos, se reducen las pérdidas económicas y se promueve una mayor eficiencia en el uso de recursos.

Otro aspecto abordado en esta unidad es el papel de la alimentación animal y la fabricación de piensos. Estas prácticas utilizan los excedentes alimentarios como ingredientes para producir alimentos balanceados para el ganado y las mascotas, contribuyendo así a cerrar el ciclo de los nutrientes y minimizar la generación de residuos.

Asimismo, se explora el uso de pérdidas y desperdicios alimentarios como subproductos en otras industrias, lo que representa una estrategia eficaz para reducir la generación de residuos y promover la economía circular. Al transformar estos materiales en productos útiles para otras industrias, se minimiza el impacto ambiental asociado con el desperdicio de alimentos y se fomenta la sostenibilidad en toda la cadena de valor.
Finalmente, se aborda el reciclado y la obtención de compost y digerido de máxima calidad para su uso en los suelos agrícolas. Esta práctica es esencial para mejorar la salud de los suelos, aumentar la fertilidad y la productividad de los cultivos, y promover prácticas agrícolas más sostenibles y respetuosas con el medioambiente. En conjunto,

estas estrategias ofrecen un enfoque integral y sostenible para abordar el desperdicio alimentario y promover sistemas alimentarios más eficientes, equitativos y resistentes.

Glosario

Agricultura sostenible

Prácticas agrícolas que buscan mantener la productividad de los suelos y los recursos naturales a largo plazo, preservando la biodiversidad y minimizando el impacto ambiental.

Alimentación animal

Práctica que utiliza los excedentes alimentarios como ingredientes en la producción de piensos para ganado y mascotas.

Biomasa

Materia orgánica renovable derivada de plantas, animales y microorganismos, utilizada como fuente de energía o como materia prima en la producción de bioproductos.

Cadena de valor

Serie de actividades interrelacionadas que agregan valor a un producto o servicio desde su producción hasta su consumo final.

Circularidad

Principio que promueve la reutilización, el reciclaje y la recuperación de materiales para cerrar el ciclo de vida de los productos y minimizar la generación de residuos.

Compostaje

Proceso de descomposición biológica de materia orgánica para producir compost, un material rico en nutrientes utilizado como fertilizante orgánico en la agricultura.

Digerido

Producto resultante de la descomposición anaeróbica de materia orgánica, utilizado como fuente de nutrientes y energía en la agricultura.

Donación de alimentos

Proceso mediante el cual se entregan alimentos no vendidos, pero aún aptos para el consumo humano a organizaciones benéficas o personas necesitadas.

Economía circular

Modelo económico que promueve la reutilización, la reparación, el reciclaje y la valorización de productos y materiales para minimizar la generación de residuos.

Economía de escala

Reducción de costos unitarios que se produce al aumentar la producción y la distribución de productos a gran escala, lo que permite una mayor eficiencia y competitividad en el mercado.

Economía de recursos

Enfoque económico que busca maximizar la eficiencia en el uso de recursos naturales y minimizar la generación de residuos mediante la reutilización, el reciclaje y la valorización.

Economía verde

Enfoque económico que busca promover el crecimiento económico y el desarrollo sostenible mediante la inversión en sectores y tecnologías ambientalmente responsables.

Eficiencia energética

Utilización racional de la energía para maximizar la producción y minimizar el desperdicio, mediante la adopción de tecnologías y prácticas que reducen el consumo energético.

Fabricación de piensos

Proceso de elaboración de alimentos balanceados para animales utilizando ingredientes como residuos agrícolas o subproductos de la industria alimentaria.

Fertilidad del suelo

Capacidad del suelo para proporcionar los nutrientes necesarios para el crecimiento saludable de las plantas, influenciada por factores como la materia orgánica, la estructura del suelo y la actividad microbiana.

Gestión de la cadena de frío

Conjunto de prácticas y procedimientos para mantener la temperatura de los alimentos en niveles seguros durante su transporte, almacenamiento y distribución.

Huella ecológica

Medida del impacto ambiental de las actividades humanas sobre el medioambiente, incluida la utilización de recursos naturales y la generación de residuos.

Innovación tecnológica

Desarrollo y aplicación de nuevas tecnologías, procesos o sistemas para mejorar la eficiencia, la productividad y la sostenibilidad en la gestión de desperdicios alimentarios y la cadena de suministro.

Inocuidad alimentaria

Garantía de que los alimentos no causarán daño al consumidor cuando se preparen y consuman de acuerdo con su uso previsto.

Nutrientes

Sustancias esenciales para el crecimiento, desarrollo y mantenimiento de organismos vivos, como proteínas, carbohidratos, grasas, vitaminas y minerales.

Redistribución de alimentos

Práctica de canalizar alimentos excedentes hacia otros usos o destinos, como la donación, el compostaje o la alimentación animal.

Resiliencia

Capacidad de los sistemas alimentarios para resistir, adaptarse y recuperarse frente a perturbaciones y crisis, como eventos climáticos extremos o cambios en la disponibilidad de recursos.

Seguridad alimentaria

Condición en la que todas las personas tienen acceso físico, económico y social a suficientes alimentos nutritivos y seguros para satisfacer sus necesidades alimentarias y preferencias.

Sostenibilidad

Prácticas que satisfacen las necesidades del presente sin comprometer la capacidad de las futuras generaciones para satisfacer sus propias necesidades, garantizando un equilibrio entre el desarrollo económico, social y ambiental.

Subproductos

Materiales secundarios o residuos resultantes de un proceso de producción que pueden ser utilizados como recursos en otras industrias.

Transformación de productos

Proceso de convertir alimentos no vendidos en otros productos alimenticios alternativos mediante procesos de preparación y elaboración.

Valorización de residuos

Proceso de aprovechamiento y transformación de los residuos en recursos útiles, como energía, materiales o productos, para reducir su impacto ambiental y económico.

Ejercicios de autoevaluación

1. **¿Qué implica la gestión de la cadena de frío en el contexto de la donación de alimentos?**

   a. Manipulación adecuada de los alimentos.

   b. Transporte seguro de los alimentos.

   c. Mantener los alimentos a temperaturas controladas.

   d. Almacenamiento prolongado de los alimentos.

2. **¿Cuál es el objetivo principal de la transformación de productos no vendidos en otros productos alternativos?**

   a. Reducir los costos de producción.

   b. Generar nuevos mercados comerciales.

   c. Aumentar la demanda de alimentos.

   d. Aprovechar los excedentes alimentarios.

3. **¿Qué beneficio se deriva del uso de pérdidas y desperdicios alimentarios en la fabricación de piensos?**

   a. Reducción de la seguridad alimentaria.

   b. Mayor generación de residuos.

   c. Diversificación de la industria alimentaria.

   d. Incremento del desperdicio alimentario.

4. **¿Cuál es el propósito principal del reciclado y la obtención de compost y digerido?**

   a. Reducir la productividad agrícola.

   b. Promover la contaminación del suelo.

   c. Mejorar la salud de los suelos agrícolas.

   d. Aumentar la dependencia de fertilizantes químicos.

5. ¿Qué aspecto es fundamental para garantizar la calidad e inocuidad de los alimentos donados?

    a. Cumplimiento de regulaciones sanitarias.

    b. Manipulación inadecuada de alimentos.

    c. Transporte a temperaturas extremas.

    d. Uso de alimentos vencidos.

6. ¿Qué se busca evitar mediante la manipulación adecuada de los alimentos?

    a. Contaminación cruzada.

    b. Caducidad de los productos.

    c. Desperdicio de alimentos.

    d. Falta de demanda.

7. ¿Qué representa la práctica de la alimentación animal y la fabricación de piensos en términos de seguridad alimentaria?

    a. Incremento de la contaminación.

    b. Reducción de la producción animal.

    c. Mejora en la nutrición animal.

    d. Aumento de la inseguridad alimentaria.

8. ¿Qué efecto positivo tiene el uso de pérdidas y desperdicios alimentarios como subproductos en otras industrias?

    a. Aumento de la generación de residuos.

    b. Reducción de la sostenibilidad ambiental.

    c. Mayor dependencia de recursos naturales.

    d. Promoción de la economía circular.

9. **¿Qué tipo de nutrientes suelen estar presentes en el compost y el digerido para su uso en suelos agrícolas?**

   a. Nutrientes sintéticos.

   b. Sustancias químicas nocivas.

   c. Materia orgánica y microorganismos.

   d. Minerales artificiales.

10. **¿Cuál es uno de los principales beneficios ambientales del reciclado de residuos orgánicos en la obtención de compost y digerido?**

   a. Aumento de la contaminación del suelo.

   b. Reducción de la generación de gases de efecto invernadero.

   c. Pérdida de biodiversidad.

   d. Aumento de la erosión del suelo.

Aplicaciones prácticas

Aplicación práctica 1. Estrategias innovadoras para reducir el desperdicio alimentario

U. A. 1. El problema de las pérdidas y el desperdicio alimentario

Te han contratado en una ciudad que busca implementar estrategias innovadoras para reducir el desperdicio alimentario a nivel local. Debes proponer un plan detallado que incorpore diversas iniciativas basadas en acciones llevadas a cabo por entidades públicas a nivel nacional, europeo e internacional.

Tu plan debe incluir tecnologías de monitoreo, plataformas de compartición de alimentos, mejoras en la cadena de suministro, educación y concientización del consumidor y empaquetado innovador.

Debes proponer una acción para cada una, su implementación concreta y el impacto esperado.

Aplicación práctica 2. Implementación de obligaciones para reducir el desperdicio alimentario en hostelería y restauración

U. A. 2. Proyecto de ley de prevención de las pérdidas y el desperdicio alimentario

Diriges un restaurante y tu tarea es cumplir con las nuevas obligaciones establecidas en el proyecto de ley para la reducción del desperdicio alimentario. Debes implementar una serie de acciones específicas para asegurar que el restaurante adopte prácticas más responsables y sostenibles en la gestión de los alimentos.

Tus obligaciones son:

- Facilitar al consumidor la posibilidad de llevarse los alimentos no consumidos sin coste adicional.
- Informar de manera clara y visible en el establecimiento sobre la posibilidad de llevarse los alimentos no consumidos.
- Utilizar envases aptos para uso alimentario, reutilizables o fácilmente reciclables para empacar los alimentos que se llevarán los clientes.

Debes reunir y detallar una serie de acciones específicas para cumplir con las obligaciones. Explica cómo implementarás cada acción en tu restaurante, asegurando que sean prácticas y efectivas. Justifica cada acción para demostrar su relevancia y efectividad en la reducción del desperdicio alimentario.

Aplicación práctica 3. Aplicación de sanciones por infracciones en la gestión del desperdicio alimentario

U. A. 2. Proyecto de ley de prevención de las pérdidas y el desperdicio alimentario

Diriges una cadena de restaurantes y has sido informado sobre el marco legal establecido en el capítulo VI del nuevo proyecto de ley para abordar las infracciones en materia de pérdidas y desperdicio alimentario. La ley clasifica las infracciones en leves, graves y muy graves, y establece sanciones correspondientes para cada tipo.

Recientemente, tu cadena de restaurantes ha sido inspeccionada y se han identificado varias infracciones. Tu tarea es evaluar cada situación, identificar la clasificación de la infracción y proponer las medidas correctivas necesarias para evitar futuras sanciones.

- **Situación 1**: Uno de tus restaurantes no aplica la jerarquía de prioridades en la gestión de alimentos y ha sido reportado por no donar alimentos aptos para el consumo.
- **Situación 2**: Se ha descubierto que otro restaurante de la cadena ha reincidido en la falta de un plan de prevención de pérdidas y desperdicio alimentario dentro de un período de dos años.
- **Situación 3**: Durante una inspección, se ha encontrado que uno de tus restaurantes utiliza cláusulas contractuales que prohíben la donación de alimentos aptos.

¿Qué tipo de infracción ocurre en cada una de las situaciones y cuál es la sanción correspondiente a cada una de ellas?

Aplicación práctica 4. Plan de prevención de pérdidas y desperdicio alimentario

U. A. 3. Plan de prevención de pérdidas y desperdicio alimentario

Eres responsable de implementar un plan de prevención de pérdidas y desperdicio alimentario en una empresa de alimentos. Debes desarrollar un plan que incluya análisis de la cadena de suministro, evaluación de riesgos, análisis de causas raíz, tecnologías de monitoreo y seguimiento, y estrategias de capacitación y sensibilización.

Completa la siguiente tabla para cada herramienta y metodología propuesta, detallando:

- Herramienta o metodología utilizada
- Objetivo específico: ¿Qué desafío busca resolver?
- Método de implementación: ¿Cómo se utilizará esta herramienta o metodología en la práctica?
- Beneficios esperados: ¿Qué mejoras se esperan obtener?

La tabla es la siguiente:

Herramienta o metodología utilizada	Objetivo específico	Método de implementación	Beneficios esperados

Aplicación práctica 5. Establecimiento de objetivos y metas para la prevención de pérdidas y desperdicio alimentario

U. A. 3. Plan de prevención de pérdidas y desperdicio alimentario

Como persona responsable de sostenibilidad en un supermercado local, te han encargado la tarea de reducir las pérdidas y el desperdicio de productos perecederos. Tras realizar un análisis exhaustivo, se ha identificado que un 30% de los productos perecederos se pierde debido a malas prácticas de almacenamiento. Tu objetivo es establecer objetivos y metas SMART (Específicos, Medibles, Alcanzables, Relevantes, con Tiempo definido) para abordar este problema de manera efectiva.

Utiliza la siguiente información para definir los objetivos y metas SMART adecuados:

- **Diagnóstico**: El 30% de los productos perecederos se pierde debido a malas prácticas de almacenamiento.
- **Meta**: Reducir las pérdidas de productos perecederos.
- **Plazo**: Fines del próximo año.

Define los objetivos y metas SMART que consideres más adecuados para esta situación. Asegúrate de que cada objetivo cumpla con los criterios de ser específico, medible, alcanzable, relevante y con un tiempo definido. Justifica tu elección explicando cómo cada objetivo y meta abordará el problema identificado.

Aplicación práctica 6. Uso de desechos orgánicos en aplicaciones sostenibles

U. A. 4. Buenas prácticas para la prevención y reducción del desperdicio alimentario

Eres una persona especialista en sostenibilidad encargada de asesorar a una empresa sobre el uso adecuado de desechos orgánicos. Tu tarea es evaluar diversos escenarios y seleccionar la aplicación más apta para los desechos orgánicos disponibles, considerando la viabilidad, beneficios ambientales y económicos.

A continuación, se presentan diferentes escenarios. Elige la opción más adecuada para cada uno de ellos y justifica tu elección.

Escenario 1: Granja agrícola	La granja genera una gran cantidad de estiércol animal y restos de plantas después de las cosechas.	**Opciones:** - Convertir los desechos en fertilizantes orgánicos mediante compostaje. - Producir bioplásticos a partir de los residuos. - Extraer compuestos para productos farmacéuticos.
Escenario 2: Planta de procesamiento de alimentos	La planta genera grandes volúmenes de residuos de frutas y verduras durante el procesamiento de alimentos.	**Opciones:** - Utilizar los residuos para la producción de biogás. - Convertir los residuos en ingredientes para cosméticos. - Compostar los residuos para fertilizantes orgánicos.
Escenario 3: Industria de fabricación de utensilios descartables	La empresa busca alternativas sostenibles para fabricar sus productos y tiene acceso a residuos orgánicos de diversas fuentes.	**Opciones:** - Producir bioplásticos a partir de los desechos orgánicos. - Utilizar los residuos para generar energía renovable. - Extraer compuestos bioactivos para productos farmacéuticos.
Escenario 4: Empresa de productos de belleza	La empresa busca incorporar ingredientes sostenibles en sus productos y tiene acceso a subproductos de la producción de aceites esenciales.	**Opciones:** - Convertir los subproductos en bioplásticos. - Utilizar los subproductos para la producción de cosméticos. - Generar biogás a partir de los subproductos.

Ejercicios de autoevaluación

1. **¿Cuál es una de las principales ventajas de utilizar la teoría de sistemas para analizar la pérdida y el desperdicio de alimentos?**

   a. Permite examinar las interrelaciones y dinámicas de retroalimentación dentro del sistema alimentario.

   b. Se centra únicamente en la producción agrícola.

   c. Proporciona una visión simplificada del problema.

   d. Reduce la complejidad del sistema alimentario a un solo factor.

2. **Según la teoría de sistemas, ¿cómo pueden las perturbaciones en un área del sistema alimentario afectar otras áreas?**

   a. No tienen ningún efecto en otras áreas.

   b. Solo afectan a la producción primaria.

   c. Pueden propagarse y afectar la disponibilidad de alimentos y los precios.

   d. Aumentan la estabilidad del sistema alimentario.

3. **¿Qué porcentaje del desperdicio alimentario en España ocurre en los hogares?**

   a. 14%.

   b. 42%.

   c. 39%.

   d. 5%.

4. **¿Qué tipo de alimentos lideran la lista de los más desperdiciados en España?**

   a. Carne y pescado.

   b. Frutas y verduras.

   c. Legumbres y cereales.

   d. Bebidas y snacks.

5. ¿Cuál es una de las razones principales para el desperdicio de alimentos en los hogares españoles?

    a. Falta de acceso a alimentos frescos.

    b. Deterioro y caducidad de los alimentos.

    c. Consumo excesivo de alimentos procesados.

    d. Bajo poder adquisitivo de las familias.

6. ¿Qué estrategia ha implementado el Ministerio de Agricultura, Pesca y Alimentación en España para reducir el desperdicio alimentario en los hogares?

    a. Limitar la producción agrícola.

    b. Campaña "Aquí no se tira nada".

    c. Subsidios para la compra de alimentos.

    d. Aumento de los impuestos a los productos perecederos.

7. ¿Cuál es uno de los enfoques más críticos al analizar las pérdidas y el desperdicio alimentario desde una perspectiva económica?

    a. Considerar las desigualdades socioeconómicas y estructuras de poder.

    b. Maximizar el valor económico en la cadena de suministro.

    c. Optimizar la eficiencia en la producción agrícola.

    d. Reducir los costos de distribución.

8. ¿Cuál es el objetivo principal del Proyecto de Ley de Prevención de las Pérdidas y el Desperdicio Alimentario?

    a. Aumentar la producción agrícola.

    b. Prevenir y reducir las pérdidas y desperdicio de alimentos en todas las etapas de la cadena alimentaria.

    c. Reducir el precio de los alimentos.

    d. Promover la importación de alimentos.

9. **¿Qué establece el proyecto de ley para las empresas del sector alimentario que no cumplen con las medidas de prevención del desperdicio?**

   a. Subvenciones adicionales.
   b. Sanciones específicas por incumplimiento.
   c. Reducción de impuestos.
   d. Publicación de advertencias.

10. **¿Cuál es uno de los fines específicos de la normativa mencionada en el proyecto de ley?**

   a. Aumentar la importación de alimentos.
   b. Promover la bioeconomía circular.
   c. Reducir el consumo de alimentos frescos.
   d. Fomentar la producción de alimentos procesados.

11. **¿Qué implica la bioeconomía circular según el proyecto de ley?**

   a. Uso exclusivo de recursos fósiles.
   b. Valorizar residuos y desechos transformándolos en nuevos productos o energía.
   c. Fomentar la exportación de alimentos.
   d. Aumentar el consumo de alimentos ultraprocesados.

12. **¿Qué objetivo relacionado con la Agenda 2030 busca abordar la normativa?**

   a. Aumentar la producción de combustibles fósiles.
   b. Promover la producción y consumo responsables.
   c. Reducir la investigación e innovación en el sector alimentario.
   d. Fomentar el uso de plásticos en la industria alimentaria.

13.Según el proyecto de ley, ¿qué se debe hacer con los alimentos excedentes aptos para el consumo humano?

a. Desecharlos inmediatamente.

b. Donarlos a organizaciones benéficas o bancos de alimentos.

c. Utilizarlos únicamente para alimentación animal.

d. Transformarlos en productos de limpieza.

14.¿Cuál es una de las obligaciones específicas para las empresas de hostelería y restauración según el proyecto de ley?

a. Facilitar al consumidor la posibilidad de llevarse los alimentos no consumidos sin coste adicional.

b. Reducir el tamaño de las porciones servidas.

c. Prohibir la donación de alimentos sobrantes.

d. Incrementar los precios de los menús.

15.¿Cuál es el objetivo principal del análisis de la cadena de suministro en la prevención de pérdidas y desperdicio alimentario?

a. Identificar los puntos críticos donde se producen pérdidas y desperdicio.

b. Aumentar la producción agrícola.

c. Reducir el precio de los alimentos.

d. Promover la importación de alimentos.

16.¿Qué aspecto adicional aborda el análisis de la cadena de suministro aparte de identificar puntos críticos?

a. Aumentar el consumo de alimentos frescos.

b. Explorar las complejidades de cada etapa del proceso, incluyendo logística y condiciones de almacenamiento.

c. Reducir el tamaño de las porciones servidas.

d. Prohibir la donación de alimentos sobrantes.

17.¿Cuál es uno de los pasos clave en la evaluación de riesgos para prevenir pérdidas y desperdicio alimentario?

a. Reducir el precio de los alimentos.

b. Aumentar la producción agrícola.

c. Identificación de riesgos.

d. Prohibir el uso de ingredientes locales.

18.¿Qué incluye el análisis de causas raíz en la prevención de pérdidas y desperdicio alimentario?

a. Incrementar los precios de los menús.

b. Identificar las causas fundamentales, como procesos ineficientes y prácticas operativas deficientes.

c. Reducir la cantidad de alimentos producidos.

d. Promover el uso de aditivos químicos en los alimentos.

19.¿Cuál es una de las tecnologías avanzadas utilizadas en la prevención de pérdidas y desperdicio alimentario?

a. Uso exclusivo de recursos fósiles.

b. Internet de las cosas (IoT).

c. Aumentar el consumo de alimentos ultraprocesados.

d. Reducir la producción agrícola.

20.¿Cómo puede la inteligencia artificial (IA) ayudar en la cadena de suministro de alimentos?

a. Incrementar los precios de los alimentos.

b. Reducir la calidad de los alimentos servidos.

c. Optimizar la planificación de la producción y distribución, y analizar datos en tiempo real.

d. Aumentar la importación de alimentos.

21.¿Qué objetivo persigue la capacitación y sensibilización de los actores clave en la cadena de suministro?

a. Aumentar la producción agrícola.

b. Promover una cultura de prevención y reducción del desperdicio alimentario.

c. Reducir el tamaño de las porciones servidas.

d. Incrementar los precios de los menús.

22.¿Qué implica la donación de alimentos?

a. Aumentar la producción de alimentos.

b. Transferir productos alimenticios excedentes a organizaciones benéficas.

c. Reducir la producción de alimentos frescos.

d. Promover el uso de productos químicos en la agricultura.

23.¿Qué es fundamental para garantizar la seguridad y calidad de los alimentos donados?

a. Incrementar la producción de alimentos.

b. Mantener la cadena de frío y seguir prácticas de manipulación adecuada.

c. Reducir el tamaño de las porciones servidas.

d. Promover el consumo de alimentos ultraprocesados.

24.¿Qué puede causar la contaminación cruzada en la manipulación de alimentos?

a. Incrementar la producción agrícola.

b. Transferencia de patógenos entre alimentos crudos y cocidos.

c. Reducir la calidad de los alimentos servidos.

d. Promover el uso de ingredientes locales.

25.¿Qué regulaciones son esenciales para las donaciones de alimentos?

a. Incrementar los precios de los alimentos.

b. Regulaciones sanitarias y de seguridad alimentaria.

c. Reducir la cantidad de alimentos producidos.

d. Promover el uso de aditivos químicos.

26.¿Qué implica la transformación de productos alimenticios no vendidos?

a. Incrementar los precios de los menús.

b. Reconfiguración, reutilización o combinación de ingredientes para crear nuevos productos.

c. Reducir el tamaño de las porciones servidas.

d. Promover el uso de alimentos ultraprocesados.

27.¿Cuál es un ejemplo de reutilización de alimentos para evitar el desperdicio?

a. Aumentar la importación de alimentos.

b. Hacer mermeladas con frutas excedentes.

c. Reducir la producción de alimentos frescos.

d. Promover el uso de ingredientes locales.

28.¿Qué beneficio ambiental ofrece la transformación de productos alimenticios?

a. Incrementar la producción agrícola.

b. Reducir la calidad de los alimentos servidos.

c. Reducir la presión sobre los recursos naturales.

d. Promover el uso de aditivos químicos.

29. ¿Qué implica el uso de subproductos en la fabricación de piensos?

a. Aumentar la producción de alimentos.

b. Reducir la generación de residuos y aprovechar al máximo los recursos.

c. Reducir la cantidad de alimentos producidos.

d. Promover el uso de ingredientes locales.

30. ¿Qué son los bioplásticos?

a. Materiales plásticos que no pueden reciclarse.

b. Productos plásticos sostenibles hechos a partir de residuos orgánicos.

c. Polímeros sintéticos derivados del petróleo.

d. Plásticos que solo se utilizan en la industria médica.

Solucionario

U. A. 1. El problema de las pérdidas y el desperdicio alimentario

1. b	**6.** d
2. c	**7.** a
3. c	**8.** b
4. c	**9.** b
5. c	**10.** c

U. A. 2. Proyecto de ley de prevención de las pérdidas y el desperdicio alimentario

1. d	**6.** d
2. b	**7.** b
3. c	**8.** b
4. b	**9.** c
5. c	**10.** c

U. A. 3. Plan de prevención de pérdidas y desperdicio alimentario

1. b	**6.** d
2. c	**7.** d
3. d	**8.** b
4. a	**9.** a
5. a	**10.** b

U. A. 4. Buenas prácticas para la prevención y reducción del desperdicio alimentario

1. c   **6.** a

2. d   **7.** c

3. c   **8.** d

4. c   **9.** c

5. a   **10.** b

Bibliografía

Legislación

121/000004 Proyecto de Ley de prevención de las pérdidas y el desperdicio alimentario, de 19 de enero de 2024.

Ley 7/2022, de 8 de abril, de residuos y suelos contaminados para una economía circular.

Real Decreto 1749/1998, de 31 de julio, por el que se establecen las medidas de control aplicables a determinadas sustancias y sus residuos en los animales vivos y sus productos.

Textos electrónicos

AECOC. Plan de colaboración para la reducción del desperdicio alimentario. [en línea]. Dirección URL: https://www.hornoelantequerano.com/archivos/DOSSIER_PRENSA_DESPERDICIO_ALI MENT.pdf

Ayuntamiento de Milán. Pacto de Milán de política alimentaria urbana. 15 de octubre de 2015. [en línea]. Dirección URL: https://www.milanurbanfoodpolicypact.org/wp-content/uploads/2020/12/Milan-Urban-Food-Policy-Pact-and-Framework-for-Action_SPA.pdf

FAO. Cómo alimentar al mundo en 2050. [en línea]. Dirección URL: https://www.fao.org/fileadmin/templates/wsfs/docs/synthesis_papers/C%C3%B3mo_ alimentar_al_mundo_en_2050.pdf

Ministerio de Agricultura Pesca y Alimentación. Informe sobre el desperdicio alimentario en los hogares 2022. [en línea] Dirección URL: https://www.mapa.gob.es/es/alimentacion/temas/desperdicio/informedesperdiciohoga res2022anualfinal_tcm30-659643.pdf

Webgrafía

Anteproyecto de Ley de prevención de las pérdidas y el desperdicio alimentario
https://www.pactomundial.org/leyes-directivas-normativas-sostenibilidad/anteproyecto-de-ley-de-prevencion-de-las-perdidas-y-el-desperdicio-alimentario/

Biogás a partir de residuos alimentarios: usos y beneficios
https://waste2energy.es/biogas-a-partir-de-residuos-alimentarios/

Cómo crear un plan frente a los desperdicios alimentarios
https://www.traza.net/2024/04/24/plan-desperdicios-alimentarios/

¿Cómo realizo mi plan de prevención de las pérdidas y el desperdicio alimentario?
https://www.wearephenix.com/pro/es/como-realizo-mi-plan-de-prevencion-de-las-perdidas-y-el-desperdicio-alimentario/

Desperdicio alimentario. Datos
https://consumoresponsable.org/desperdicioalimentario/datos

Desperdicio alimentario y gestión de residuos
https://empresa.lidl.es/sostenibilidad/bueno-para-el-planeta/conservar-los-recursos/desperdicio-alimentario

Desperdicio alimentario zero
https://www.carrefour.es/responsabilidad-social-corporativa/mas-info/antidespilfarro/

El Gobierno aprueba el proyecto de ley para evitar el desperdicio de alimentos

https://www.lamoncloa.gob.es/consejodeministros/resumenes/Paginas/2024/090124-rp-cministros.aspx

El impacto ambiental del desperdicio de alimentos

https://www.esagua.es/el-impacto-ambiental-del-desperdicio-de-alimentos/

Eroski evita el desperdicio de 11.000 toneladas de alimentos en el primer semestre del año

https://corporativo.eroski.es/notas-de-prensa/eroski-evita-el-desperdicio-de-11-000-toneladas-de-alimentos-en-el-primer-semestre-del-ano/

La desecación congelante o liofilización

https://www.caloryfrio.com/refrigeracion-frio/desecacion-congelante-liofilizacion.html

La UE crea una plataforma contra el desperdicio de alimentos

https://www.alimentacionsindesperdicio.com/actualidad/p/la-ue-crea-plataforma-contra-desperdicio/

Prevención de residuos de alimentos (desperdicio alimentario)

https://medioambiente.jcyl.es/web/es/calidad-ambiental/prevencion-residuos-alimentos-desperdicio.html

Principales medidas para la prevención del desperdicio alimentario en Mercadona

https://info.mercadona.es/es/cuidemos-el-planeta/nuestros-hechos/principales-medidas-para-la-prevencion-del-desperdicio-alimentario-en-mercadona/news

Save Food, iniciativa mundial contra el desperdicio alimentario

https://www.itene.com/actualidad/save-food-iniciativa-mundial-contra-el-desperdicio-alimentario/

Subproductos como alimento para la ganadería

https://www.plataformatierra.es/innovacion/subproducto-alimento-ganaderia

Tecnología para hacer frente al desperdicio alimentario

https://biogasindustrial.com/tecnologia-para-evitar-el-desperdicio-alimentario/

Ventajas e impacto positivo de la donación de alimentos

https://www.bbva.com/es/sostenibilidad/ventajas-e-impacto-positivo-de-la-donacion-de-alimentos/

¿Qué es el desperdicio alimentario y cómo evitarlo?

https://www.bbva.com/es/sostenibilidad/que-es-el-desperdicio-alimentario-y-como-evitarlo/

¿Qué es un plan de prevención de las pérdidas y el desperdicio alimentario?

https://alisiosconsultores.es/plan-prevencion-desperdicio-alimentario-tenerife/